すぐできる！ 盛り上がる!!

日常保育の積み重ねから運動会種目まで

からだを動かすあそび 365

はじめに

幼児体育の普及・振興という仕事に携わって、はや、40年近くになろうとしています。保育園や幼稚園の現場に出向き、2歳児から就学前の6歳児までを対象に実技指導をする機会に恵まれ、また、数多くの先生方と研修会や講習会でお会いしながら、貴重な体験を得ることができました。

その間、常に「子どもとともに、子どもによる、子どものための幼児教育」を目ざして、保育に生かす体育あそびの実践に取り組んできましたが、幼児を指導する難しさとともに幼児体育を学問的視野に立って確立することの大切さを痛感する毎日でした。

現在、大学において理論的な裏付けを続けるとともに、なお保育現場との往復を忘れることなく繰り返す毎日ですが、『実践の理論化』と『理論の実践化』は、これからも大きな課題であると考えています。

したがって、本書で紹介したすべてのあそびは、保育現場の中での実践を通して生まれ育ったものばかりです。各園の規模や園児数など環境はそれぞれに異なるものの、どの園の子どもたちも喜んで楽しみながら遊んでくれたものばかりを、吟味し、整理してあると自負しています。

また、それぞれのあそびについては、年齢及び発育・発達の違いや、集団の経験、到達度や個々の能力に応じて、変化・発展・応用ができるように、導入段階や展開の方法に幅を持たせてあります。また、特にムーブメント（動き）を基本としながら、各主題ごとにその特性を考慮し、互いにフィードバックさせつつ学習できるような構成を工夫しました。さらに、それぞれのあそびの内容間にも関連性があるので、年間を通して系統的・段階的な指導ができるようにしています。

というのも、体育あそびは、子どものあそびが本来的に持っている「自発的・積極的・創造的で自由な」活動を基本とするもので、〝何歳の、この時期に、この指導法で〟といった固定されたものではないからです。運動会もまた、このような日常の保育の中での積み重ねの成果を発表する場として、とらえていきたいと考えています。

したがって、本書の体育あそびは、いつでも、どこでも、だれとでもできるあそびです。さっそく明日の保育から、子どもたちといっしょに始めてください。そして、365日の毎日のあそびの中から、子どもたちが楽しく運動に親しみ、運動が好きになり、健全な成長を遂げることを願っています。

本書の使い方

●全体の構成

◆ムーブメントあそび

道具や用具を使わない、動きを基礎としたあそび。鬼ごっこなどの、「伝承あそび」もこの中に含まれます。

◆主題あそび

道具や用具などの「主題」の特性を生かしたあそびです。

○身近な素材を使ったあそび
（はちまき、帽子、新聞紙　など）

○操作性遊具を使ったあそび
（ボール、なわ、フープ　など）

○移動（固定）遊具を使ったあそび
（マット、フラッグコーン　など）

○いろいろな特性のある遊具を使ったあそび
（パラバルーン、パフリング　など）

◆運動会競技種目例

◆運動会演技種目例

前半の「ムーブメントあそび」や「主題あそび」の項目の中にも、それぞれの動きやあそびを発展させれば、十分に競技や演技になりますが、ここでは主題や動きの組み合わせ方や演出の工夫などを中心に、保育現場での実践例をもとに応用・発展のしかたを考えていきます。

なお、体育あそびの分類上は、リズム体操はムーブメントあそびの中に、サーキットあそびは主題あそびを複合・発展させたものになりますが、日常保育の中で身につけた動きを発表するという観点から、本書では「演技」の項目にまとめてあります。もちろん、その他の競技や演技種目と同様に、日常の保育の中で十分にあそび込みましょう。

●各項目の構成

易→難（課題、技術）、弱→強（力、強度）
基礎→応用（内容）
単純→複雑（型の変化）
個人→対人→グループ（人数の発展・集団化）

といった、実際のあそびの中でキーポイントになる流れにしたがって、それぞれのあそびをイラストを中心の編集しました。イラストの中の「らせん形」は、この系統的・段階的な流れを図示したものです。繰り返しあぞぶ場合もスタートを省略せず、絶えずフィードバックしながら発展させていきましょう。

また、各項目ごとのページの流れも、組み合わせや発展をしやすいような配列になっています。それぞれのあそびを切り離して考えることなく、動きや主題の有機的な組み合わせを工夫してみてください。

まとめ

まとめとして、実際に、保育現場に出向き、今日まで長年にわたって継続的に体育指導を続けながら、実践的・実証的研究に取り組んできた結果をまとめたのが「幼児体育における遊びの系統的・段階的指導法」(米谷, 2000)の表を示しておきます。

※遊びの法則性と特性を知ることにより、生活での応用する力が養われます。

幼児体育における遊びの系統的・段階的指導法(米谷, 2000)

系統的・段階的指導　基礎 → 変化 → 発展 → 応用 → 創造

トレーニングの原則：時間・強度・頻度

【幼児の指導内容】＋ 内容 (楽しさ度・意外性)＝興味・関心の連続

指導方法：易→難・弱→強・短→長　自然的・全身的な活動

遅→速・近→遠・低→高　単純→複雑

遊び集団：小→大・　人数：少→多

個人→集団 (対人 → リンク G・ライン G → グループ 化)

指導計画：受動→能動　模倣→独創　量→質　破→立　知→創

健康成立3要素：運動・栄養・休養　生活習慣病の予防(運動習慣性)

遊びの成立条件：時間・空間・仲間 → 間

→ 4つ目の間：ゆとり・タイミング・コミュニケーション等

すぐできる！ 盛り上がる!!

日常保育の積み重ねから運動会種目まで

からだを動かすあそび365

もくじ

STAFF
表紙デザイン：太田　昇
表紙イラスト：中小路ムツヨ
本文デザイン・イラスト
：太田　昇、太田恵美、おおたむつみ、奥田守保、小出信子、富松敏泰
編　　　集：加藤典康、堀田浩之、安藤憲志

保育に生かす体育あそび

体育あそびは、子どものあそびが本来的に持っている「自発的・積極的・創造的で自由な」活動を基本に、調和的な健康づくりを目ざすものです。運動会もまた、その延長線上にある「日常保育の積み重ねの成果を発表し、家族そろって楽しいひとときを過ごす場」として考えていきたいと思います。

幼児の健康・体力づくり

健康教育のめざすもの

「健全な身体における健全な精神。これはこの世における幸福な状態を簡潔に、しかも十分に表したことばである」とジョン・ロックが述べているように、いつの世の人々も、身体だけ、精神だけの健康のみならず、心身両面の調和のとれた健康の保持増進を願ってきたことはいうまでもありません。しかし、ひとりひとりが自分自身の過去の生活を振り返るとき、その難しさに反省と感謝を繰り返しながら、健康の大切さを学んできたのです。

また、人間が社会的に協同生活を営んでいる以上、健康は、自分だけで成立させることは不可能であり、社会や人間関係の影響を受けるものです。互いに他人の立場を考慮して、社会に奉仕する能力や人間同士のモラルを持ち合うことが、平和な社会生活という環境をつくり、お互いの健康を成立させる不可欠な条件となっています。

ＷＨＯ（世界保健機関）の世界保健憲章によると、「健康とは、単に疾病や虚弱が存在しないというだけでなく、身体的・精神的および社会的にも、完全に良好な状態のことである」と、健康の理想像が定義づけられています。

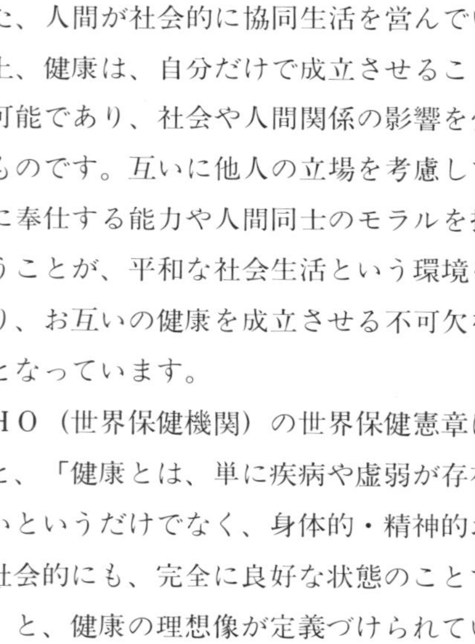

このような完全な健康状態は、現実にはありえないほどのものですが、各個人の健康観はさまざまにしても、人間に共通する最も望ましい理想的な健康として努力すべき目標であり、どの年齢においても、その能力によって持つことのできる最高到達水準であるといえるでしょう。

幼児の健康と体力

したがって、幼児期における健康な子とは、「病気をしない子、体や心が弱くない子」というばかりでなく、「集団の中で生き生きとあそびに没頭し、自己のニーズを確立しながら、互いに協力・協同して生活する能力を持った子」のことであるといえるでしょう。

このようなより積極的な意味での調和的な健康をめざすとき、重大な要素として、体力づくりがかかわってくるのです。そのためには集団生活における運動面のみならず、栄養・睡眠などの生活・衛生面に関するすべての環境を改善しうる能力を養うといった〝総合的体力づくり〟が必要になってきます。

つまり、子どもの健康づくりで大切なことは、人間として生きるために必要な基礎能力を身につけさせ、人間らしい生き方の基礎づくりをすることなのです。さらに、現代社会に生きる子どもたちが、これからもさらに発展すると予想される過密情報社会に向かって積極的な姿勢で適応していくためには、社会的健康の領域にもより深い関心を向けていかなければならないでしょう。

生活リズムの見直しから

健康で体力のある子どもを育てるためには、まず、健康の三本柱といえる「栄養」「休養」「運動」のバランスのとれた生活リズムを見直すことから始めなくてはなりません。

現代社会は、生活様式や社会形態をも著しく変化させつつあります。住宅の高層化や交通機関の発達など居住空間の変化だけでなく、テレビ視聴を中心とした生活の夜型化、インスタント食品や清涼飲料水など、日常の生活様式を見ても、親が子に与えているマイナス要因も少なくありません。

まず、栄養については食生活の改善、休養については睡眠の確保などがあげられるでしょう。そして運動については、活動的なあそびを保障することが大切になってきています。

「あそび」の環境づくり

幼児にとって、あそびが生活のすべてである以上、「あそび」の環境の確保は最も大切なことのひとつです。そのためには、園において、あそびの成立条件である「あそび時間」「あそび空間(あそび場所)」「あそび仲間(あそび友達)」の3つの「間」を保障する環境を整えていく必要があります。

しかし、幼児にとって好ましい保育環境は、園だけに任せる長時間保育ではなく、家庭・園・地域が三位一体となってあそびを保障することです。そのためには、時間・空間・仲間のほかに、もうひとつの間が必要になってきます。この間とは、生活の中から生まれてくるゆとり、あそびをするチャンスやタイミングなどのことで、豊かで楽しいあそびを経験することで喜びを味わい、生きがいを感じたときに生まれてくるものと思われます。

この4つの間から、どこででも自らがあそびを展開していく力が生み出されるのです。園で経験した体育あそびが、家庭や地域社会でも運動あそびとして習慣づけられながら、生活化していくことこそ、幼児の体力づくりで大切なことであり、望まれることといえるでしょう。

保育に生かす体育あそび

体育の喜びは あそびの楽しさから

体育とは、身体活動を通した教育のことを指します。この身体活動は、人間本来の欲求であり、生きていくために欠くことのできないものです。

しかし、成人にとっての体育は、生活にうるおいを与えたり労働からの解放といった意味を持つことが多いのですが、幼児にとっての体育は、子どもたちの生活そのものであり、その活動を楽しむと同時に、それによって発達していくという意味を合わせ持っています。

そのため、幼児の体育は、幼児が楽しみながら、熱中して取り組む姿を見せる「あそび」であるということを第一に考えなければならないでしょう。子どものあそびは本来、大人の介在がなくても、主体的・能動的・内発的・創造的で自由な心身の活動です。この自由な活動の喜びがないかぎり、体育としての成果も期待できないのです。

しかし、子どもが自発的に元気よくあそぶ

ためには、いろいろなあそびを通して身につけた知識・経験・技能が必要です。そのためにこそ、園での楽しい活動を通して、あそびの芽を育てていく必要があるのです。

　といっても、運動能力の向上や技術の習得は目標や手段ではあっても、目的ではありません。あくまでも体育あそびの目的は、活動する喜び・考える喜び・伸びる喜び・みんなでする喜びを味わわせながら、全面的な人格の発達という、よりよく生きる喜びを育てていくことにあるのです。

子どもが主体となった保育を目ざして

　保育とは、乳幼児の全面的な発育・発達を保障する教育のことです。したがって、小学校以上の教育を規準として幼児期に何を教えるかを考えるのではなく、胎児期から乳幼児期にかけての生理的・心理的そして社会的な発育・発達の過程をしっかりと把握した上で保育を考えなければなりません。

　このことは、保育の中での体育あそびを考える上でも大切なことです。体育というと、とび箱や鉄棒などの小学校以上の学校で経験した内容をまず思い浮かべることでしょう。しかし、幼児体育では、画一一斉的な指導はふさわしくありません。体育あそびでは、子どもたちが自由に集中してあそぶことが大切です。というのも、乳幼児の発育・発達を考えるとき、年齢が低くなるほど個人差が大きいことから、ひとりひとりの子どもに応じた方法で指導していく必要があるからです。

　また、体育あそびは、孤立したひとつの課目ではなく、すべての領域と関連しながらの総合活動としてのあそびであり、保育全体につながるものであることが望まれます。つまり、保育に生かすとは、生活の中に習慣として位置づけられることなのです。

　そのためにも、園だけでなく、家庭や地域社会と一体となった環境の中で、調和した快適な社会生活を送る根底となるあそびを進めていかなければならないでしょう。

　私たちが目標とする「保育に生かす体育あそび」とは、乳幼児の全面的発達を保障するための総合的な体力づくりであり、個人的にも社会的にも調和のとれた健康づくりにあります。さらにもう一度、体育あそびに限らず、子どもが保育におけるサブジェクト（主体）になっているか確認してみてください。子どもが教育のオブジェクトになっていてはいけません。『さわやかな汗』『ゆかいな笑い』『楽しい仲間』をもとに、「子どもとともに、子どもによる、子どものための保育」を目ざしてがんばりましょう。

体育あそびの指導

子ども同士であそぶ環境設定を

幼児の発育・発達を考えると、年齢が低くなれば低くなるほど個人差も大きくなることから、ひとりひとりの子どもに応じた方法で指導していく必要があります。しかし、集団の中で育つ思いやりや社会性などの能力も忘れてはならないことです。ここに、幼児期の体育あそびの難しさがあります。

それでは、ひとりひとり手とり足とり教えていけばよいのでしょうか。いいえ、これでは、限られた時間に限られた指導者がすべての子どもたちを、楽しくあそばせることはたいへん困難なことです。なぜなら、この時期の子どもたちは、自己中心的で、それぞれの欲求もばらばらな上、ひとりひとりの能力にも差があるからです。

このようなことからでも、小学校以上の体育でよく見られるような画一一斉的な指導が幼児にはふさわしくないといえるでしょう。

例えばマット運動でも、マットの周りで順番がくるまでじっと待って見学しているといったことは、幼児には苦痛なことです。子どもたちは、じっとしていることが苦手で、自由に身体を動かすことが大好きなのです。この時期はまた、保育者や友達から注目されたいという気持ちが特に強いのです。

このことは、大人のやりやすい方法が、かならずしも子どものためになっているとは限らない例のひとつです。子どもたちは、保育者や友達といつでもかかわりを持っていたいのです。

体育あそびでは、ぜひ、子どもたち同士であそべるような環境を設定してみてください。そして保育者は、直接的に子どもを指導するのではなく、子どもの内に秘めた力を信じて、間接的に援助するという姿勢を持つことが大切なのです。こうすることで、子どもの中に眠っていた〝あそびの虫〟が目を覚ましだしてくることでしょう。

その上で保育者は、自分自身もあそびの中に参加しながら、子どもたちが集中してあそびを活発に発展させていけるように、興味づけをしたり、集団に応じたルールをみんなで考えてつくっていったりしましょう。

全体をとらえた評価を

「この運動で、このような運動能力を伸ばしましょう」とか、「こうして技術指導をしなさい」と、よく聞くことがあります。しかし、未分化で未成熟な状態の幼児期では、部分的に活動をとらえるのではなく、全体として子どもをとらえることが大切です。

とび箱が何段とべた、なわとびが何回できた、鉄棒の逆上がりやマットでの前転ができたかできないかなどは、活動のひとつひとつの目標ではあっても、それだけをとらえて体育あそびによって目ざす教育の目的とは言えないはずです。

マットやボールを媒体として、どのようにしていろいろな学習をしてきたかという、過程が問われるのであり、そこには、子どもたちが生き生きと主体的に活動している姿がなくてはならないはずです。いいかえれば、保育者も楽しくいっしょにあそべていたかどうかが大切なポイントでしょう。

このような積み重ねがあれば、子どもの身体や心の中に、目に見えない、人間として必要なすばらしいものが育っていくはずです。そして、あくまでもその結果として、とび箱や鉄棒ができる子、運動能力の優れた子になっていってほしいと思います。

幼児に適した指導法

●年齢を超えた個別化集団学習

低年齢になるほど個人差の著しい幼児期では、年長児であっても年中児よりも運動ができない子もいます。各年齢によってカリキュラムをたてることは必要ですが、年少から年長までにかけて、どのような経験をしてきたか、どのくらい達成しているかを記録から把握して、個人に応じた指導ができるような系統的で段階的な計画も大切なことです。

幼児期には、ひとりひとりに合った方法で個性を伸ばしながら、集団の力によってお互いが刺激することによって学習していくことが重要なポイントになります。同年齢のひとつのクラスだけを集団と考えるのでなく、他のクラスや異年齢のクラスをも含めた集団の力で、個々の力を高めていくことを考えてみましょう。

そのために有効な方法として、あそびの中のそれぞれの活動を、易→難、弱→強へと、らせん状に系統的段階的に発展させていく指導法があります（3ページ参照）。この場合、絶えずスタートに戻して始めることから個人差を補い、集団や個人の能力を見きわめながら、次の段階へ進む時間を短縮するという手続をとっていきます。また、新しい課題へ進むときも、必ずスタートに戻して繰り返しながら発展させることが大切です。

●モデリング全習法

幼児期にあっては、指導者が直接的に個々を指導するのではなく、子ども同士あるいは指導者がモデルとなって模倣させていくことが効果的です。それも、個々の動きを分割して一斉的に教える分習法ではなく、いろいろな動きを経験させた上で、全体的な動きをとらえさせる全習法が有効になります。

回り道をして時間がかかったとしても、どうすれば無駄や無理なく効率よくじょうずにできるかを、模倣しながら自分で考え、くふうしていくことが大切なのです。ここに、やらされてできると、やればできるの差ができてくるのです。

●課題発見解決学習

体育あそびは、あくまでも子どもが主体的に活動することが大切です。そのためには、技術指導以外にもいろいろな課題を与えることによって、子ども自身にその課題を発見させ、自らが解決していくようにサポートしていくことが有効になってきます。

その場合の指導者の援助としては、ほめたりしかったり励ましたりといった外発的な動機づけによる興味づけをしながら、いろいろな経験をする喜びをまず味わわせることが重要です。しかし、それに留まらず、さわやかな汗をかく喜び、自分の力で達成できた、ここまで伸びたという喜び、自分たちで考えて解決できたという喜び、みんなでできたという喜びなど、子どもたち自身が喜びを感じ、体育あそびを好きになる内発的な動機づけにまで発展させていきましょう。

ムーブメントあそび

★体力づくりの３要素

○**身体的要素**……さわやかな汗

○**精神的要素**……ゆかいな笑い

○**社会的要素**……楽しい仲間

　人間はエネルギーを発散することによって生理的欲求を満足させ、新陳代謝を活発にします。しかし、そのためには、楽しい内容でなくては興味が持続しません。

　また、子ども同士の日ごろからのかかわり合いを大切にし、より高次な欲求（集団欲）も満足させるように心がけましょう。

●基本的なムーブメント（個人）

動物まねっこ

まねっこあそびをしながら、基本的な動きを身につけていきます。

●カエルになって…ピョン
●サカナになって…
（体を左右にくねらせる）
●トカゲになって、
ハイハイ
（腹ばいから胸を上げて）
●イヌさん歩き
（ひざをつく）
●クマさん
歩き
（高ばい）
●おサルさんになって…

子どもたちの興味をひきつけるために、まず、大好きな動物のまねをして身体を動かしてみましょう。保育者がおもしろい動きをすることから、模倣を誘い、感覚機能に刺激を与えます。慣れてきたら、いろいろな動物の動作や鳴き声をいっしょに考えながら、音楽のリズムに合わせて動いてみましょう。

★個体発生は系統発生を繰り返す

人類は、長い歴史の中で、魚類→両生類→ほ乳類→霊長類と進化してきました。胎児もまた、胎内で同様な形態の変化を経て出生することはよく知られています。また、この流れは、乳児が人間の特徴である直立二足歩行に至る過程にも見られるように、幼児の発育、運動発達に欠かせない基本でもあります。

●基本的な座り方から動きへ

お座りごっこ

①体操座り
（三角座り）
②お父さん座り
（あぐら）
③お母さん座り
（正座）
④お兄さん座り
⑤お姉さん座り
⑥赤ちゃん座り
⑦おじいさん座り
⑧おばあさん座り
⑨待ちぼうけ座り
⑩パラバルーン座り
（ヨーイドン座り）

体操座りから、ボートこぎ

座った姿勢から、歩いてみよう

パラバルーン座りで歩く

待ちぼうけ座りから
アヒル歩き

※おしりを支点にして回転しますが、バランスと腰のひねりがポイントです。

赤ちゃん座りから１回転

●いろいろな座り方を考えてみましょう。

笛の合図は使わずに〝ことばがけ〟で、すばやく姿勢を変化させます。このとき、身体のどの部分を使って、移動したり、体重を支えたりしているか、そのつど考えさせます。ひとつの座り方でも、あぐらを組む足や体をねじる方向などは、必ず逆方向もすることを忘れないでください。

●これからの運動の基本姿勢になります。

上に挙げた座り方の名称を、体を動かしてあそびながら、覚えていきましょう。

いろいろな座り方ができるようになったら、その姿勢から、おしりや手足をうまく使って動いたり、移動したりしてみましょう。

●筋肉の緊張と弛緩を覚える

カチカチ・クニャクニャ人間

カチカチロボット
ギック
シャック
クニャクニャクラゲ
アイスクリーム
フニャ
スラ
スラ
筆になって自由に
鉛筆

カチカチ
きをつけ!
※落とさないよう持ち方に注意！

幼児は、ものまねが大好きです。そこで、「カチカチのロボット」や「クニャクニャのクラゲ」など具体的なイメージを与えて、まねっこあそびをしながら、筋肉の緊張と弛緩を覚えさせます。日に当たったアイスクリームがだんだん解けていくようすや、鉛筆や筆になって部屋中の空間に絵や字を描くなど、子どもたちの想像力をのびのびと広げながら自由に身体を動かしましょう。

カチカチの棒になれたら、抱き上げてあげましょう。この緊張が、「きをつけ」の姿勢になります。また、リズムに合わせて、それぞれのイメージに合った歩き方や走り方をしてみるのも楽しいでしょう。

●視覚や聴覚によって情報をつかむ

ホイッスルアクション

※頭を打たないように
気をつけましょう。
①短く1つ
ピッ
きをつけ
②長く1つ
ピーッ
休め
③短く2つ
ピッピッ
しゃがむ
④短く3つ
ピッピッピッ
ねころぶ
⑤短く4つ
ピッピッ
ピッピッ
(バランス)
(シエー)
(かかし)
いろいろな
ポーズ
(おサルさん)
(だんだん足を開く)
(ガッツ
ポーズ)

足を開くあそびへ
●じゃんけんコンパス陣取り

サインはW
注目!(笛を3つ鳴らす)
1つは、目で先生を見る
2つは、耳で先生の話を聞く
3つは、口を閉じ静かにする

※全部できたら「Wサイン」を出して、
あそびを始めましょう。

笛の合図(短音と長音、音の数)を聞き分け、あらかじめ約束しておいたポーズをすばやくとります。最初は、保育者が笛の合図と同時にポーズをとり、言葉でも指示します。慣れるにしたがって、笛だけの合図にしたり、わざとまちがったポーズでまどわせたりしましょう。年齢や運動能力が高くなるにつれ、課題を増やしていきますが、幼児には、静止動作を含む5つくらいまでの課題が適当でしょう。視覚や聴覚ですばやく情報をつかむ力と同時に、反射神経を養えるあそびです。

★「注目」という約束

笛が鳴ったら保育者に注目する約束が、みんなでできてから、あそびの説明をします。

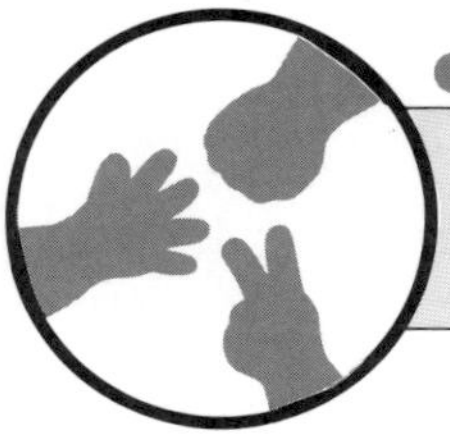

●じゃんけんに負けたら、罰ゲーム

じゃんけんマッチ

じゃんけん ぽん!
●じゃんけん足開き
あっ またまけた…
●じゃんけんちぢみ
もう だめだ!
やった!
イタッ!
パチンッ
●じゃんけんたたき
☆両手でじゃんけん
☆輪になって両隣と
☆手をつないで
じゃんけん ぽん!
(足ジャンケンで)
(勝ったら、1回だけ踏める)
エイッ
●足じゃんけん
グー
チョキ
パー

ふたり(あるいは数人)でじゃんけんをし、負けたら罰として負荷を加えていきます。

●じゃんけん足開き、じゃんけんちぢみ

じゃんけんに負けるたびに、足を開いていったり、身体をちぢめたりしていきます。これ以上できないところまでいったら、ひっくり返って負けになります。開いたりちぢんだりする程度は、子どもたちにまかせましょう。

●じゃんけんたたき

勝った子が、負けた子をすばやくたたきます。片手だけでなく両手でじゃんけんをしたり、さらに数人で輪になってしたりと発展させましょう。両手をつなげば、足じゃんけんで、じゃんけん足ふみになります。

●2人で協力してムーブメントをつくる

じゃんけんチェンジ

●丸太まわし
●手押車
●自動車
●おんぶ
●だっこ
できるだけ前を向いて引っぱる
●スーパーマン
●リヤカー
●お馬さん
※頭を打たないよう必ず手を組みます
ジャンケンホイ
ペアとペアがぶつかったらじゃんけん

2人でじゃんけんをして、勝った子が負けた子に動作を指示し、2人で協力しながら、ひとつのムーブメント（動き）をつくっていきます。移動する方向は自由ですが、どうすれば他のペアとぶつからないかを考えながら動くようにさせましょう。

笛の合図は、〝1つ〟で動作を指示する側とされる側を交代し、〝2つ〟で再びじゃんけんをするようにします。

慣れてくれば発展として、2組がぶつかったときに、ペアの代表同士がじゃんけんをして、負けた組の子がそれぞれ勝った組の子を運搬するようにすると、自然にペアの組み合わせを変えることができます。

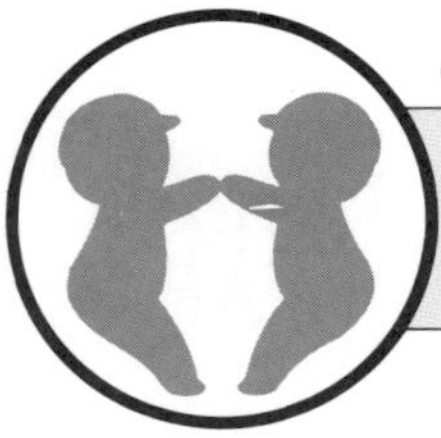

●相手を探して、手をつないでしゃがむ

バーディあそび

●笛1つで課題の動作、笛2つでバーディになります。

「課題」のいろいろ

握手「あくしゅ、あくしゅ」

おしり「おしりたたき」

バーディ！
両手をつないでしゃがむ

頭「あたまなでなで」

おへそ「おへそこちょこちょ」

肩「かたポンポン」(両手で)

●バーディとは？

2人で両手をつなぎ合って、しゃがんだ状態になることを言います。

●なぜ、バーディか？

○だれと組になっているか、相手の顔をしっかり見て確認できます。

○両手をつないでいるので、砂をいじったりふざけたりできません。

○バーディを組んだ子どもたちはしゃがんでいるので、まだ相手を見つけられない子どもたちが、相手を探しやすくなります。

○2人組で運動をするときなど、すばやくペアをつくることができ、あそびの説明も注目させやすくなります。

☆遊びながら学習

運動あそびは、ただ身体を動かしてあそんでいるだけではありません。このあそびの中でも、「何人の子と＝数の指導」「握手＝左右の認知」「たたく＝強弱のコントロール」など、動きの経験の中で、さまざまな学習をしているのです。

●バーディあそびⒶ

○まず、「バーディ」で２人組になってしゃがみ、相手をしっかり覚えさせます。

○笛の音〝１つ〟で、相手以外のできるだけ多くの子と、課題の動作をします。

○笛の音〝２つ〟で、すばやく元の相手とバーディをします。どの組が早いか競争！

●バーディあそびⒷ

○課題を与えて、できた子ども同士が相手を探してバーディをします。

○課題を変えながら繰り返し、慣れてくればだんだん複雑な課題にしていきます。

(例)「10人(数)と、右手(左右の認知)で、握手(動作)する」

●両手をつないで輪（リング）をつくってあそぶ

リングあそび

●足ふみっこ

エイ
エイッ!!

●なべなべ底ぬけ

♪なべなべ底ぬけ 底がぬけたら かえりましょ〜う♫

※おしりとおしりで「こんにちは」をして、
ひっくり返れたか確認しましょう。

※まず最初にくぐる子を決めます。

☆人数を
増やして…

最初にくぐる子を
ローテーションして繰り返しましょう。

●「リング」とは？

2人以上が、両手をつないで輪をつくった状態を言います。前ページの「バーディ」も2人のリングと考えられます。

●足ふみっこ

2人以上でリングをつくって、足のふみ合いっこをします。手を離してはダメ。

●なべなべ底ぬけ

○手を離さずにできるようになったら、「かえりましょう」の語尾の「しょう」を長く伸ばして、連続して何回できるか挑戦してみましょう。

○だんだん人数を増やしていって、みんなで協力しながら、かえってみます。

●なべなべから
足ふみっこ

●トンネルくぐり

トンネルくぐり
指定された数だけ
他の組を回って自
分の組へ戻る
邪魔をしてもよい
またぐ、とぶ

●背中を合わせて立てるかな？

ヨーイ
ドン！
トアッ！
いち、にーのーさん！

●協力して競争

「なべなべ～」でひっくり返ったら、そのままの姿勢でペアやグループ対抗の足ふみっこをしたり、背中合わせで腕を組んで座り、協力して早く立ち上がる競争をしたりします。また、２人組リング(バーディ)の発展として、「トンネルくぐり」競争も楽しいでしょう。

●仲間集め(ナンバーコール)

指定された数で仲間を集めてあそびます。保育者は、大きな声で数を知らせると同時に、手で数を示します。笛や太鼓を利用して数を知らせてもよいでしょう。すばやく仲間を集める競争をしてつくったグループで、リングあそびに発展させましょう。

●バーディからの鬼ごっこ①

ひっつき鬼

●必ず手をつないでしゃがみます。
●逃げてきた子が手をつないだら、反対側の子の手を離し、逃げるように言います。
●くっついたら、必ずしゃがまなければ、鬼がだれだかわからなくなります。

※数人のリングから発展させても、おもしろいでしょう。

○「バーディ」で２人組をつくり、片手を離して横に並びます。
○ひと組を選び、ひとりを逃げる役に、もうひとりを追いかける鬼に決めます。
○合図で、逃げる子は鬼につかまらないように、他の子どもたちの間を逃げます。
○途中でつかまりそうになったら、座っている２人組の横にくっついて座ります。
○くっつかれた子どもの反対側の子どもが、今度は逃げる番です。
○逃げきれずに鬼にタッチされたら、その子が鬼になり、鬼だった子が逃げます。
○くっつく時は、必ずしゃがんで手をつなぐようにします。

●バーディからの鬼ごっこ②

ドン・ブー鬼

○「バーディ」から、前後に2人組になり、その中のひと組から、逃げる子と鬼を決めます。
○他の子どもたちは、2人組の〝汽車〟になり、しゃがんで移動することができます。
○逃げている子が、汽車の後ろに「ドーン」と言ってくっつくと、先頭の子が逃げます。
○後ろむきに、汽車の先頭にくっついた時は、「ブー」と言って、後ろの子が逃げます。
○汽車のほうから近づいて、逃げる子の後ろにくっつくこともできますが、この時も、「ブー」と言って、後ろの子が逃げます。
○「ドン」「ブー」は、大きな声で言います。
○数人の列(ライン)でも、あそべます。

●力と、力を出すタイミングを競うあそび①

力比べア・ラ・カルト

指ずもう
腕ずもう
足ずもう(ひざとひざで)
手と手で
肩と肩で
足の裏を合わせて
腕を組んでケンケン
足が動いたら負け
おしりとおしりで
手首を持つ
引っぱり合い
マットレスリング
負けた子は
外へ
安全のため、
タイヤを置く
外に出る、手を離す、
倒れるなどしたら負け
背中押しずもう

身体のいろいろな部分を使って、力比べをしてあそびましょう。力をおもいきり出しきるだけでなく、力を出すタイミングが必要なことをあそびを通して覚えていきます。保育者は、力の差のある子どもの組み合わせに留意するとともに、マットやタイヤなどを使って危険のないような環境を配慮します。

★賞罰は、次の課題へのステップに！

勝った子やうまくできた子は、みんなで認めてほめてあげましょう。みんなに承認されることで、できた自信がより深まります。また、負けた子どもの罰ゲームは、身体的にも精神的にも苦痛を与えない、ユーモラスで楽しいものにし、次へのステップにします。

●力と、力を出すタイミングを競うあそび②

いろはにこんぺいとう・エイヤッ！

○数人ずつのグループをつくり、それぞれ手をつないで輪(リング)になります。

○大きな声で「いろはにこんぺいとう」と言いながら、手を離さないようにして、みんなが同じ方向に回ります。

○「エイヤッ！」というかけ声とともに止まり、隣の子ども同士ひっぱり合います。

○足が動いたり、転んだりしたら負けです。

○負けた子は抜けていき、最後まで残った子どもが、「チャンピオン」です。

○各グループの「チャンピオン」を代表にして、グループ対抗戦をしてみましょう。

○手はしっかりつないで、決して離さないように注意しておきます。

●リーダーを交代するあそび(リングからの発展)

合体飛行機

初めは、ゆっくり
歩いて……
先頭
振りむいた側の子が
次のリーダー
慣れたら、
速く、速く！
キーン
JET
次の
先頭
4人の場合
4角形をくずさないように！

○３人で三角形をつくり、その形をくずさないようにして歩きます。

○先頭の子どもが、右後ろを振りむけば、今度は右後ろの子が先頭になります。

○同様にして、左後ろを振りむけば左後ろの子が先頭を代わります。

○この交代がスムーズにできるようになれば、だんだん速く走ってみます。

○走りながらすばやくできるようになったら、今度は「飛行機」になってみましょう。

○先頭の子どもは、両手を前に伸ばして手のひらを合わせて機首に、後ろの子どもは、それぞれ内側の手を前の子の肩にのせ、もう一方の手を横に伸ばして翼にします。

●あそびながらライン(列)をつくる

並びっこ

※最後に並んだ子を次の並びっこのリーダーにしましょう。

●目標の前に並ぶ

●板の上に並ぶ

●階段を利用して

●平均台やベンチを利用

●壁やへいにそって並ぶ

トントン マーエ
トントン ウーエ

●声を出して、リズムに合わせて並ぶ

・前の子は、理解が早く、ルールを守れる子
・後ろの子は、遅れた子かルールを守れなかった子

チエック!

次の展開への参考に

●ポーズをつけて並ぶ

※座り方は、15ページ「お座りごっこ」参照。

「まっすぐ一列に並ぶ」ということを、保育者の管理上の都合から一方的に押しつけるのではなく、あそびやゲームを通して、自然な形で楽しく身につけましょう。身近にあるものも大いに利用してみましょう。

いくつかのリング(輪)をつくってグループ分けをし、それぞれ代表者を決めます。その子が好きな場所に移動し、目標になります。「ヨーイ、ドン」で、早く着いた順番に、まっすぐに列をつくります。割り込んだり、ふざけたり、おしゃべりをした子は反則で、後ろにまわらせます。だれが、どのグループがいちばん速いか競争しましょう。座り方や場所もいろいろと工夫してみてください。

●リング(輪)からライン(列)への展開

グニャグニャコースター

走れよ汽車ポッポ 走れよ汽車ポッポ
大きなトンネル 小さなトンネル‥ さあ 止まりましょう
ビューン
やっほー
●トンネル…くぐる
●鉄橋………またぐ
タッチ
トンネル トンネル!
あっ ぼくが うんてんしゅだ
シュッポ シュッポ

※このあそびを利用すれば、最初に決めた運転手の数で、分けたい数のグループの列を楽しく、簡単につくることができます。

○全員で大きなリング(輪)をつくります。

○ジェットコースターの運転手を数人決め、運転手は、音楽に合わせて自由にリングの間を走りまわります。

○音楽が止まったら、運転手は近くの子どもの背中にくっつき、今度はくっつかれた子どもが運転手になります。

○このようにして音楽が止まるたびに、ジェットコースターの人数が増え、逆にリングの人数が減っていきます。

○最後に、最初に決めた運転手の数だけのライン(列)が、放射状にできあがります。

○この型をそのまま利用して「放射線鬼」や「時計鬼」などのあそびに展開しましょう。

●ライン(列)を使った「ハンカチ落とし」

放射線鬼

※「グニャグニャコースター」を利用して、放射状のラインをつくりましょう。

タッチ
鬼と反対方向に回る
わーっ
オニに なっちゃうよー
いちばーん
にばーん
わーい
さんばんだーい

○上図のように放射線状に列をつくります。

○鬼は、その周りを回りながら、適当な列の最後尾の子の背中に、「タッチ」と大きな声で言って触ります。

○触られた子の列の子どもは全員、鬼と反対側の方向に回って、元の列に並びます。

○いちばん最後にもどった子が鬼になります。

●時計鬼

時計の1時から12時の位置に、3～5人の列を放射状につくります(フープやタイヤを並べておく)。中心にひとりが立ち、好きな時間を指示します。指された時間の列の子は全員、時計回りに1周して、指示者を先頭に元の位置に並びます。最後に列からはみ出した子どもが、次の指示者になります。

●じゃんけんの勝ち抜き戦で、リング(輪)やライン(列)ができる

じゃんけん列車

ジャンケンポン！
また勝った
あっ負けちゃった
やったチャンピオン
みじめ〜
●いろんなポーズでやってみましょう。
ムカデ歩き
ケンケン歩き
手つなぎ歩き

相手を探してじゃんけんをして、負けた子は、勝った子の後ろにくっつきます。さらに、グループの先頭同士がじゃんけんをして、負けたグループは勝ったグループの後ろについて、次々に長い列車をつくっていきます。最後に先頭になった子がチャンピオン。そのまま円になって、大きなリングをつくります。

● じゃんけん10人勝ち抜き

いろいろな子とじゃんけんをして、10人の子に勝てたら、指定された場所（直線か円のライン上）に並んでいきます。最後に必ずひとり残りますが、あそびが終ると、ラインができています。最初に並んだ子どもがチャンピオンです。並ぶときの座り方もいろいろと工夫してみましょう（15ページ参照）。

●声と動きを合わせて、すばやく反応！

まつりだワッショイ！

元気よく動いて声を出そう！

まつりだ まつりだ ワッショイ ワショイ
かえせよ かえせよ ワッショイ ワッショイ
ちぢまれ ちぢまれ ワッショイ ワッショイ
ひろがれ ひろがれ ワッショイ ワッショイ
ジャーンプ ジャーンプ ワッショイ ワッショイ
しゃがんで しゃがんで ワッショイ ワッショイ

８人くらいのグループに分かれ、手をつないでリング（輪）をつくります。リーダー（保育者）のかけ声に合わせて、「ワッショイ、ワッショイ」と元気よく声を出しながら、指示された動きをします。急な変化にも、ぶつかったり、手を離したりせずについていけたグループがチャンピオンです。

「まつりだまつりだ（右へ右へ）」……右へ回る
「かえせよかえせよ（左へ左へ）」……左へ回る
「ちぢまれちぢまれ（中へ中へ）」……円を中へ
「ひろがれひろがれ（外へ外へ）」……円を外へ
「とんでとんで（上へ上へ）」……その場でとぶ
「しゃがんでしゃがんで（下へ下へ）」…しゃがんでいく
「大きく大きく」「小さく小さく」……声の変化
「はやくはやく」「ゆっくりゆっくり」…速度の変化

●もつれた人間リングを少しずつほどくあそび

人間知恵の輪

各グループから１人ずつ、
他のグループをほどく指示
をする代表者を出します。
手を離したら
ダメ！
どうなってんの？
ハイ.
そこくぐって…

○数人が両手をつないで輪をつくり、手を離さないようにして、つないだ手の上をまたいだり下をくぐったりして、ひもがもつれたような状態をつくります。さて、少しずつ指示をしながら、元通りの輪にほどくことができますか？

○いくつかのグループのリング(輪)をつくり、１人ずつ代表者を出して、他のグループの「知恵の輪」をほどく競争をしましょう。

○途中で手を離したグループは負けです。

○早くほどいた順に、代表者が中央に集まります。

○ほどかれてしまったグループは、自分たちの代表者がほどくのを手伝いましょう。

●リング(輪)の仲間が力を合わせて

円陣突破

○同じ人数のグループをつくり、フラッグコーンなどの目印を中心に円形に配置します。
○各グループは、両手をつないでリング(輪)をつくり、それぞれ代表者1名を隣のリングの中に入らせます。
○「ヨーイ・ドン」で、円陣を突破して中央の目印にタッチする競争です。

○輪をつくっている子どもたちは、手を離さないようにして、突破しようとする子のじゃまをします。ただし、手の上をとび越そうとしているときは、足をひっかけないように気をつけます。
○突破されたグループの子は、自分たちの代表者を助けにいきましょう。

●リング（輪）を使ったリレー①

大《ビッグ》リングリレー 地球一周

おーい はやくー
タッチ
ぜっ ぜっ
①
②
③
1
2
3
※外側に向いて足を投げ出して座ると、足をふまないようにして走る「障害物リレー」になります。
がんばれー!
保育者の位置
※パラバルーンを使っても、同じようなリレーができます。
ぶつからないように 注意しましょう

○並びっこをして2列にラインをつくり、それぞれをひとつのチームとします。

○まず、「中むけ中」でむかい合い、同じチーム同士の子どもが手をつなぎます。

○さらに、各チームの両端の子同士が手をつないで広がると、大きなリング(輪)ができあがります。(ラインからリングへの展開)

○各グループの先頭が円の外側に出て、ヨーイ・ドンで互いに反対方向に1周して、次の子にタッチします。

○タッチを次々に繰り返してリレーをし、最後の子が早く戻ったチームが勝ちです。

○保育者は、子どもたちが交差する場所に立って、ぶつからないように注意します。

●リング(輪)を使ったリレー②

小《スモール》リングリレー　宇宙ステーション

同じ人数の輪をつくり、各グループの中で順番を決めます。「ヨーイ・ドン」で、各グループのトップが同じ方向に走りだし、他のグループの輪をくぐり抜けて１周して戻り、次の子にタッチします。全員が走り終わったら、すばやく座ります。どのグループが早いか競争しましょう。(座って手をつないで、その上をとび越えるようにしてもよい。)

発展として、他のグループの子が通るときはじゃまをしてもよいことにしてもおもしろいでしょう。(１人が２周以上するときは、自分のグループの子は通り抜けやすくする。)ただしその場合は、手をつないでいる子は、〝足を動かさない〟〝輪を小さくしない〟などのルールをあらかじめ決めておきます。

●いろんな動きでリレーをする「人間サーキット」

サーキットマン

●ジグザグスラローム
●またぎ歩き
●ピョンピョンとび
ピョンピョン
●カニさんトンネル
●子ウマとび
●ウマとび
●ジグザグとび
※人数が多いときは、
笛の合図で一斉につ
ぶれてもよいでしょう。
●クマさんトンネル
●足下トンネル

○10人くらいでひとつのグループをつくり、ひとりひとりがサーキットあそびのユニットの代わりになって、これまでに経験してきたいろいろな動きをしながらリレーをしていきます。

ⓐ元の位置まで戻って次の子にタッチする。

- ●①の子：②→⑩⑩→②→①、②にタッチ
- ●②の子：③→⑩⑩→①→②、③にタッチ

ⓑ先頭の子がサーキットをして、最後尾についたら、次の子がスタート。

- ●①の子：②→⑩で⑩の後ろに
- ●②の子：③→⑩①で①の後ろに

ⓒ先頭の子だけがユニットになり、他の子が順番に越えて、次の子が先頭になる。

- ●①の子がユニット、②～⑩が越える。
- ●②の子がユニット、③～⑩①が越える。

●いろいろな動きで、人間ユニットを進んでいくあそび

人間丸太

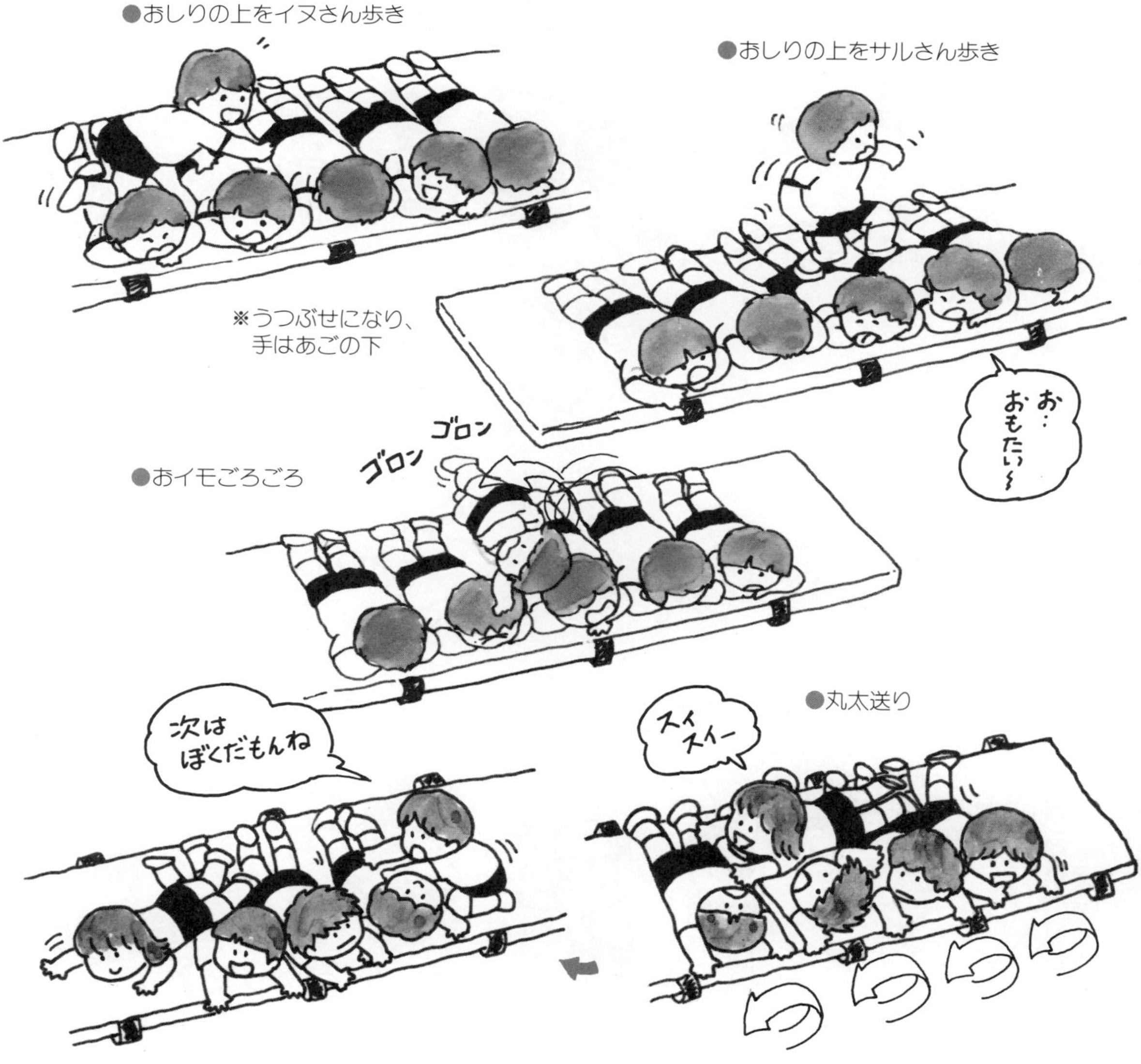
●おしりの上をイヌさん歩き
●おしりの上をサルさん歩き
※うつぶせになり、手はあごの下
お…おもたい～
ゴロン ゴロン
●おイモごろごろ
●丸太送り
次はぼくだもんね
スイスイー

○４～６人のグループをつくり、マットの上に横一列になってうつぶせに寝ます。
○うつぶせになった子どものおしりの上を、落ちないようにして渡っていきましょう。
○背中や足の上は歩かないように約束します。
○順番に渡ったら最後尾でうつぶせになり、ローテーションしながら進んでいきます。
○次に、うつぶせになった子どもたちの上に直角に寝て、下になった子がばんざいをして、横に１回転することで、順番に前へ送ってもらいます。（丸太送り）
○慣れてきたら、マットの端から端へ、あるいは全員が移動するまでなど、グループ対抗の競争をしてみましょう。

●リーダーの子のまねをしながらついていくあそび

フォロー・ザ・リーダー

●ジェットコースター

グループごとに決めたリーダーが、好きなところへみんなを連れていきます。後に続く子は、リーダーの動きをそっくりまねながら離れないようについていきましょう。

●ジェットコースター……リーダーを先頭にできるだけぴったりとくっついた列をつくり、ゆっくり昇るところやスリリングにカーブを切るところをまねながら走りまわりましょう。

●リーダー追跡……リーダーは、みんなを好きなところへ連れてまわりながら、石や葉っぱを拾ったり、捨てたりします。最後にみんなで見せ合って、まちがわなかった子どもの中から次のリーダーを決めます。

●らかんさん回し……みんなで輪になって座わり、「らかんさん」の歌をうたいながら、隣と同じ動作をしていきます。

●じゃんけんに負けたら、動物のものまね

ジャングルの王様

※王様らしい扮装を作ると、
より楽しくなるでしょう。

○王様をひとり決め、他の子どもたちは少し離れたところに1列に並びます。
○先頭の子どもから、王様のところへ走っていってじゃんけんをします。
○勝ったら、王様を交代します。
○負けたら、王様が指示する動物の鳴き声や動作のまねをしながら戻ります。
○負けた子は、列の後ろにつき、次の子が王様に挑戦します。
○ひとりの子どもが王様に勝つまで、何度も繰り返し挑戦する形にしてもよいでしょう。
○2チームに分けて、「ドンじゃんけん」のような形で、グループ対抗戦にしてもおもしろいでしょう。

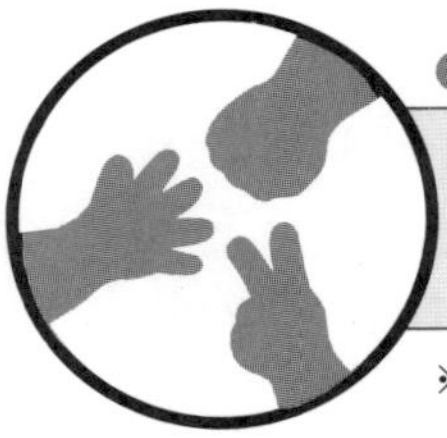

●じゃんけんを使った鬼ごっこ

開戦ドン

※相手とぶつかるときは、大きな声で「ドン」と言いましょう。

●ドンじゃんけん

波型やうずまき型の線を引き、両端に陣地をつくります。2チームに分かれてそれぞれの陣地に並び、ひとりずつ走り出て、ぶつかったところでじゃんけん。負けた子は陣地に戻り、負けたチームは次の子がすぐにスタートします。勝った子はどんどん前に進み、早く相手の陣地に入ったチームが勝ち。

●ドンじゃん鬼・開戦ドン

「ドンじゃんけん」を鬼ごっこにしたのが「ドンじゃん鬼」です。じゃんけんに負けた子が自分の陣地に逃げ帰るまでに勝った子がつかまえます。さらに〝陣地の外で自由に相手を探してドンじゃん〟〝つかまった子を味方がタッチして助ける〟といったルールをつけ加えると「開戦ドン」になります。

●ドンじゃんけんのバリエーション

手つなぎドンじゃん

わーい
ポン!
ジャンケンポン!!
まて〜〜
はやくはやく
がんばれ

2チームに分かれて1列に並びます。「ヨーイ・ドン」で中央に出てぶつかり、じゃんけんをします。勝った子は負けた子をタッチしにいき、陣地まで逃げきれずにタッチされた子は、相手の子と手をつなぎ、同じチームになります。さらに、手をつないだ同士でドンじゃんをし、負けたら手を離して逃げますが、勝ったグループは手をつないだまま追いかけます。勝ったグループは、どんどん人数が増えていきます。

●その他のバリエーション

おしりにハチマキをつけ、ドンじゃんの後、ハチマキをとる鬼ごっこにすると、「ドンじゃんしっぽとり」、ハチマキを帽子に代えて「ドンじゃん帽子とり」、ボールのぶつけ合いにすれば、「ドンじゃんボール当て」。

●鬼が「おもち」になる鬼ごっこ

もち鬼ごっこ

○みんなで輪になり、鬼はその中央で目をつぶって座ります。
○輪になっている子どもは、順番に「ペッタン」と言いながら、鬼に触っていきます。
○このとき、自分が触っている鬼の身体と同じ部分に反対の手をくっつけます。
○人数が多い場合は、鬼に触っている子に、同じポーズでつながってもよいことにします。
○最後につく子どもが、「ペッタンコ」と言って触ったら、みんな一斉に逃げます。
○逃げるときは、自分の身体に触っている手は離さないようにします。
○鬼につかまった子が、次の「おもち(鬼)」になります。

●言葉（キー・ワード）によって、動きを変える鬼ごっこ

OH・OH鬼ごっこ

※「お、お、……おまんじゅう」などと、ときどきフェイントを入れると、おもしろくなります。

お…お…
おおおとこが
来たー!
まてー
※木は、手をつないだまま移動します。
きゃ〜っ
つかまえた
あそこへにげろー
こっちこっち
※ネズミは動かない。

●キー・ワードと移動のしかた

大狼
大男
大嵐
ネズミが移動
木が移動
全員が移動

○３人組をつくり、バーディ（むかい合って両手をつなぐ）した２人が「木」に、残りの１人が、中に入る「ネズミ」になります。

○指示者は、「お、お……」と言いながら、タイミングをみてキー・ワードを言います。

Ⓐ**「大狼」**のときは、ネズミが他の木の中に移ります。移ったら木の中でしゃがみます。

Ⓑ**「大男」**のときは、木の２人組が手をつないだまま移動して、他のネズミを中に入れてしゃがみます。

Ⓒ**「大嵐」**のときは、全員が移動して、組み合わせを変えたら３人ともしゃがみます。

○移動の途中につかまった子は鬼になり、だんだん鬼を増やしていきます。

●カミナリが来たら、おへそに気をつけて！

カミナリのへそとり

※「カ、カ、カ、カ……」と長く伸ばしたり、「カミさまが来た」とか、「カミキリムシが来た」など、タイミングをはずすと、おもしろくなります。

○カミナリさんは〝おへそ〟をとることを話し、保育者がまず、カミナリになります。

○子どもたちはあおむけになり、腕と足で身体を支えておへそを突き上げます。

○保育者は、「カ、カ、カ…カミナリが来た」とキー・ワードを言って、子どものおへそにタッチしにいきます。

○子どもたちは、おへそをとられないようにすばやくうつぶせになります。

○おへそに触られた子どもは、カミナリの子分になって、みんなのおへそをねらいます。最後まで残った子がチャンピオン。

○ときどき、「カ、カ、カミさま」などと、フェイントの言葉をまぜましょう。

●クマさんが起きたら、さあ逃げろ！

お目覚めクマさん

ムックリクマさん、穴の中……

●クマさんは、だんだん増えていきます。

※「食べちゃうぞ！」が、逃げるキー・ワードです。

○みんなで両手をつないで大きな輪になり、クマさんは輪の中に入ります。

○輪をつくっているみんなは、『むっくりくまさん』の歌をうたいながら、同じ方向にぐるぐる回ります。

○クマさんは輪の中（穴の中）でしばらく大きな声でほえまわりますが、やがて居眠りを始めます。

○周りの子どもたちは、クマさんを起こさないようにゆっくり輪を縮め、クマさんをくすぐったり指でつついたりします。

○クマさんは、いきなり「食べちゃうぞ！」と言って、逃げる子どもをつかまえます。

○つかまった子どもはクマさんになります。

●場所を移動する途中にコワイ鬼がいる！

場所替え鬼ごっこ

③途中で交差する場所替え

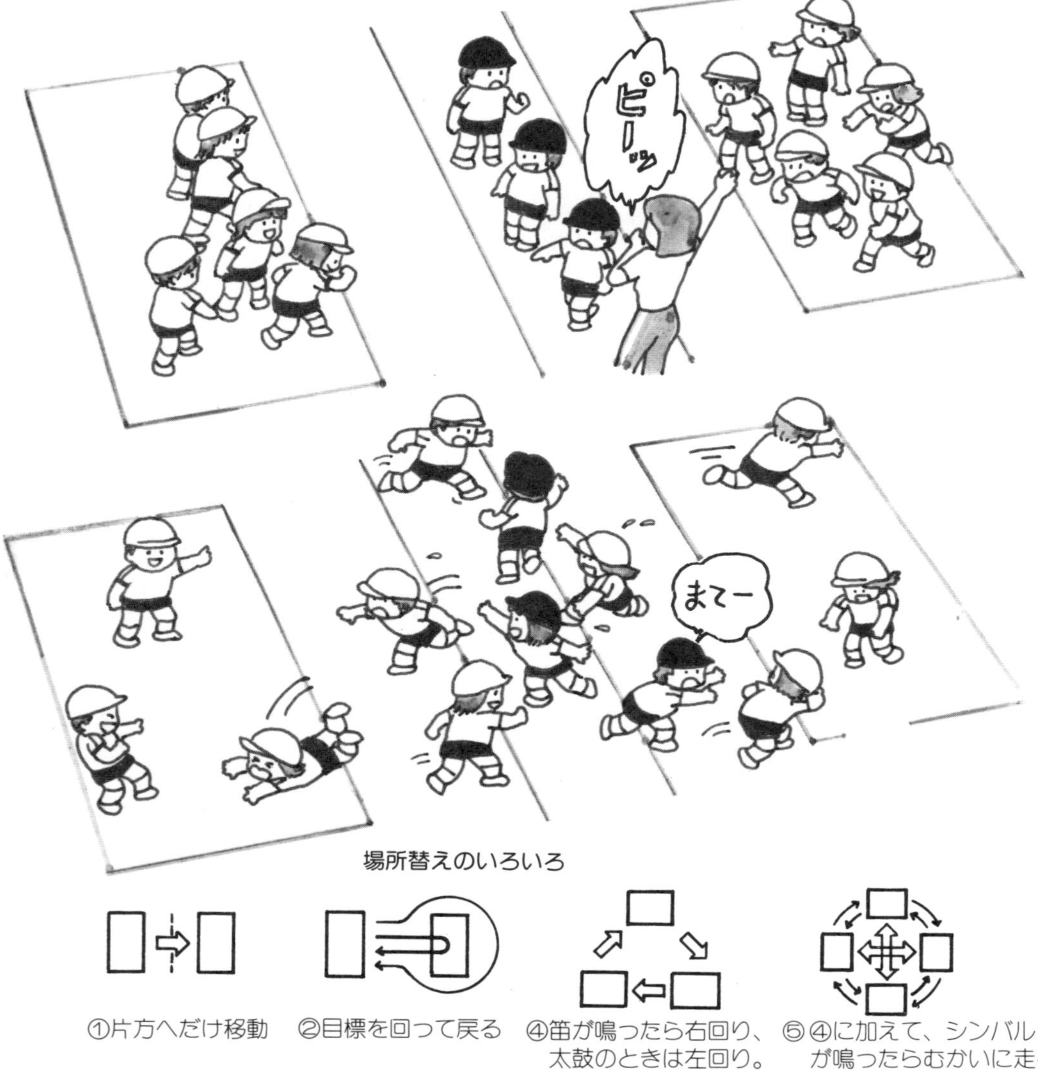

場所替えのいろいろ

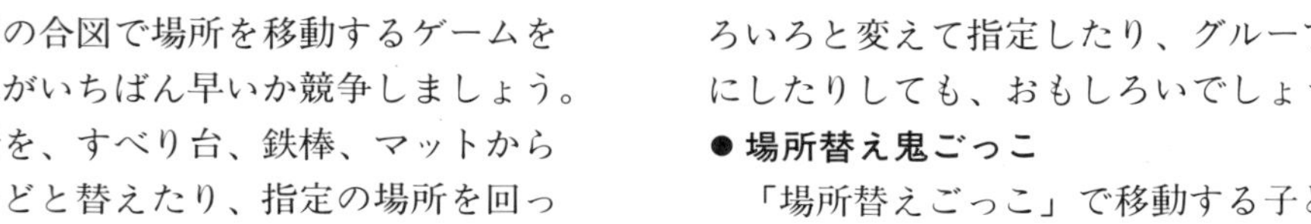

①片方へだけ移動　②目標を回って戻る　④笛が鳴ったら右回り、太鼓のときは左回り。　⑤④に加えて、シンバルが鳴ったらむかいに走る。

●場所替えごっこ

まず、笛の合図で場所を移動するゲームをして、だれがいちばん早いか競争しましょう。指定の場所を、すべり台、鉄棒、マットからマットへなどと替えたり、指定の場所を回って帰ってくる、ぶつからないようにグループが交差して場所を移り替わる……など、変化をつけていきます。移動するときの動作をいろいろと変えて指定したり、グループ対抗戦にしたりしても、おもしろいでしょう。

●場所替え鬼ごっこ

「場所替えごっこ」で移動する子どもを、途中で鬼がつかまえます。つかまった子も鬼になって、だんだん鬼を増やしていきます。

主題あそび

★ゆっくり、焦らず、あわてずに！

まず、主題(道具や用具)に慣れることから始めましょう。そして、いろいろな動きの中から、個人に応じて好きな動きを見つけさせ、繰り返すことによって、できた喜びを体験させてください。

さらに、主題の交換や組み合わせ、移動遊具や固定遊具を組み合わせたサーキットあそび、リズムに合わせた体操などにも発展させましょう。

安全面への配慮は忘れてはならないことですが、危いからやらせないのではなく、どのようにすれば危くないかをくふうしていくことを考えましょう。

●7回連続、失敗しなかったらウルトラC！

ウルトラ・ハチマキ・セブン

※どの段階でも失敗したら、①からやり直し！

①右手で
②左手で
③頭(おでこ)で
④胸(おなか)で
⑤背中(おしり)で
⑥右足で
⑦左足で
せんせっ できたよー
●2人組でも、やってみましょう。
せなか！
ハチマキは、結んで使います。

○ハチマキ(タオルでもよい)をほうり上げて、落ちてきたところを身体の一部分で受けとめます。
○右手で受けられたら、左手、左手ができたら頭…というふうに順番に受けとめる部分を変えていきますが、途中で失敗したら、また最初からやり直します。

○連続7回、全部の箇所で受けとめられたら右足でケンケンをして、保育者に見せます。確認をして、みんなで「チャンピオン！」とほめてあげましょう。
○ほうり投げる高さは、年齢や慣れに応じて決めましょう。受けるというより、身体の一部にひっかけるようにするのがコツです。

●足の指を使って、物をつかめるかな？

ハチマキ足とり

（ハンカチとり）

（指でつなひき）

（手でつなひき）

●ペア・ゲーム
（ハチマキ
ハンカチを使って
タオル）

（足でつなひき）

○ゲームの前に、素足で物をつかんだり、両足ではさんだりする経験をさせます。ハチマキなら、何本はさめるでしょうか。
○素足になって手をつなぎ、大きな輪になって、足を伸ばして座ります。
○円の中心にハチマキをたくさん置き、「ヨーイ・ドン」で、手を離さずにおしりを揺すって前に進み、足の指を使ってハチマキをとり合います。
○とったハチマキは、そのまま後ろに転がって、自分の後ろに置きます。いちばん多い子がチャンピオンです。
○今度は、手を離して、後方のハチマキを足ではさんで前に戻す競争をしましょう。

●とったりとられたり、だれもが動いている〝しっぽとり〟

テールゲーム（しっぽとり）

●最初は保育者が鬼になって

・ハチマキを人数分より多めに
腰につけて逃げる

・余分にハチマキをたくさん用意しておき、
とられた子は、再びつけて参加する

・とったハチマキはすぐ捨てる
・とられた子は拾って再びつけて参加

●子ども同士で

・とった子は、しっぽの数を増やす
・とられた子も、しっぽのある子の分をとりにいく

・長いタスキをつけ、足でふんで
とる「しっぽふみゲーム」に発展

※とったハチマキを手に持つようにしてもよい。
その場合、とられなかった子も勝ち。

※しっぽは、初めは腰の横につけ、慣れてきたら、ま後ろにつけます。――後ろになるほど、自分のしっぽを確認するときの身体のひねりが大きくなります。

●だれがいちばんとれたかな？（本数がはっきりわかるように見せて、振ります）

1本もない子
（ユーモラスに）
1本の子
（拍手）
2本の子
（拍手）
3本の子
（拍手）
4本の子…
（チャンピオン）
みじめ〜

●ウーウー島のしっぽとり

う・う・う…
うしっ
うし
うま
とっと…
あれ!?
まて!
（安全地帯）
（安全地帯）
たすかった!

・「ウシ」と呼べば、ウシチームは安全地帯へ逃げ、ウマチームは追いかけてしっぽをとります。
・「ウマ」のときは、「ウシ」の逆。

※他にも、「タイとタコ」「アカとアオ」など、まぎらわしい名まえの組み合わせを考えましょう。

ハチマキ（タオル、縄）をしっぽにして、とり合いをします。このようなゲームの場合、すぐにとられる子は、たいてい決まっています。最後のほうまで残る子にとっては、かなり運動量がありますが、とられたら終わりといったルールでは、寒い日など、身体が温まるひまさえありません。

とられた子どもも、逃げて動きまわれるようなルールをくふうしましょう。

○とったハチマキはすぐ捨て、とられた子は拾ってつけ、再び参加する。
○ハチマキをたくさん用意しておき、とられた子は、新たにつけて参加する。
○とった子のつけたものを、とり返す。など。

●帽子を使って、とったりとられたり、ハンディをつけた勝ち抜き戦

変身帽子とり

※自然に、同じレベルの子同士で〝とりっこ〟ができます。

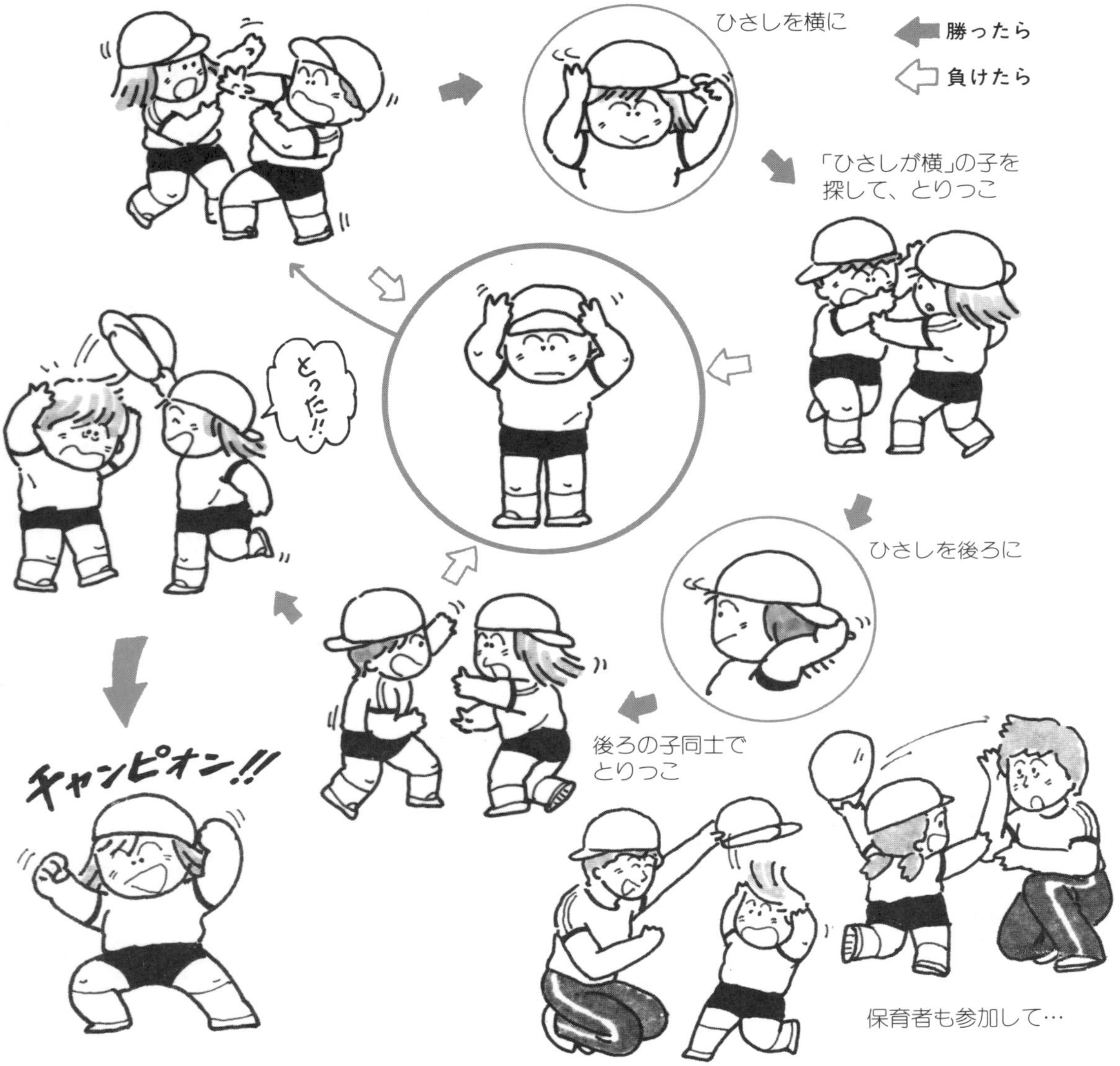
ひさしを横に
勝ったら
負けたら
「ひさしが横」の子を探して、とりっこ
とった!!
ひさしを後ろに
後ろの子同士でとりっこ
チャンピオン!!
保育者も参加して…

勝ったり負けたりするたびに帽子のかぶり方を変え、相手を替えてする帽子とりです。

○まず、前・横・後ろの３段階の帽子のかぶり方を教えます。

○最初は、全員がひさしを前に、それぞれ相手を見つけて取り合います。

○勝った子は、ひさしを横にして、同じようにひさしが横の子と取り合いをします。

○さらに勝てば、ひさしを後ろにして、同じようにひさしが後ろの子と取り合います。

○負けた子は、どの段階でもひさしを前に戻して、再挑戦します。

○保育者は、強い子の帽子をとったり、なかなか勝てない子に取らせたりしましょう。

●古新聞紙だけでも、こんなに体を動かせる

新聞紙あそびア・ラ・カルト

●破らないように、はみ出さないように、何人乗れるかな?

●くるくる丸めて筒にしてあそぼう

(ころがす)
(はさむ)
(とび越える)
(くぐる)

●落とさず歩く
●落とさず走る
●くぐり抜け
●突破!
※破れた新聞紙は
丸めてボールに

●丸めた玉で投げ入れ競争

●遠くへ飛ばそう

●かたづけ競争
(しわを伸ばして
積み上げていく)

新聞紙を広げたり、折ったり、丸めて筒にしたりボールにしたりして、いろいろな体育あそびに利用してみましょう。

●ペーパーホッケー……新聞紙を丸めてボールにし、筒にしたものをスティックにして、打ったり、ころがしたりしてあそびます。さらに、グループ対抗のホッケーゲームに発展させましょう。(57ページ参照)

●新聞紙合戦・投げ入れ競争……新聞紙を丸めて玉にして、雪合戦のようにぶつけ合いをしたり、シーツなどをネットにして、相手コートに投げ入れたりするゲームもできます。

●かたづけ競争……あそびやゲームにすれば、楽しく自発的に後かたづけができます。きれいにしわを伸ばしてたたみ、積み上げる競争など、いろいろくふうしてみてください。

●靴やスリッパを使って身体を動かすあそびいろいろ

はきものあそびア・ラ・カルト

●靴とりゲーム

まて〜〜
たたいたり、けったりは反則！
片方の子はケンケン
ぼくのくつ…
両方とももとられた子は
足の裏をつけないで、
自分の靴をとりにいく
くすぐってもよいことに
すると、楽しい
きゃー たすけてーっ

●お天気占い

●高くけり上げて、ナイスキャッチ！

●的入れ

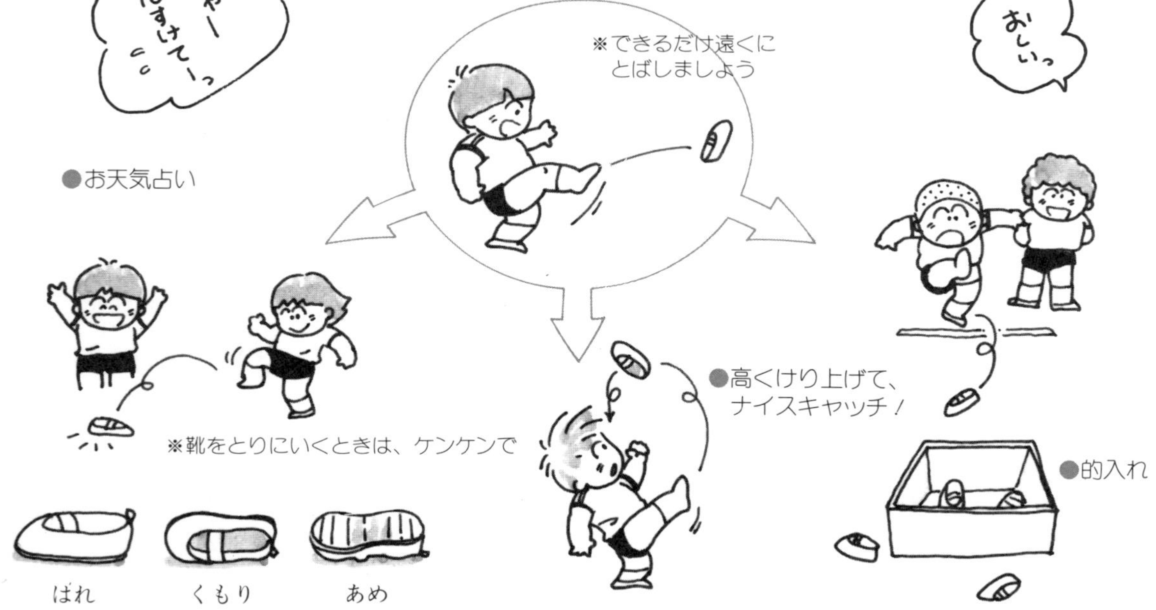
※できるだけ遠くに
とばしましょう
おしいっ
※靴をとりにいくときは、ケンケンで
はれ
くもり
あめ

●ムカデ競争

●げた積み

クラフトテープに
スリッパをはりつける（室内用）

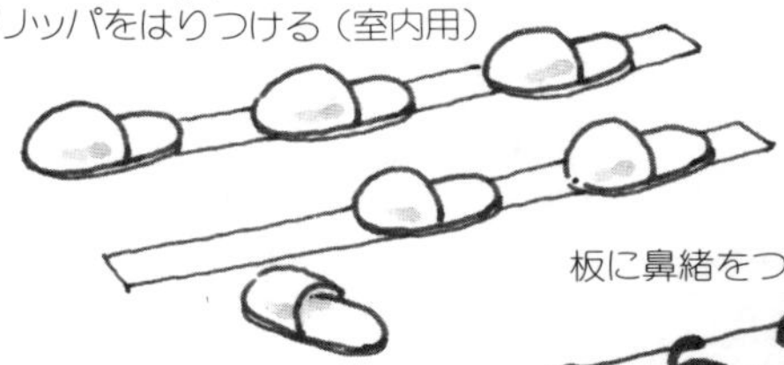

板に鼻緒をつける（戸外用）

●げた歩き

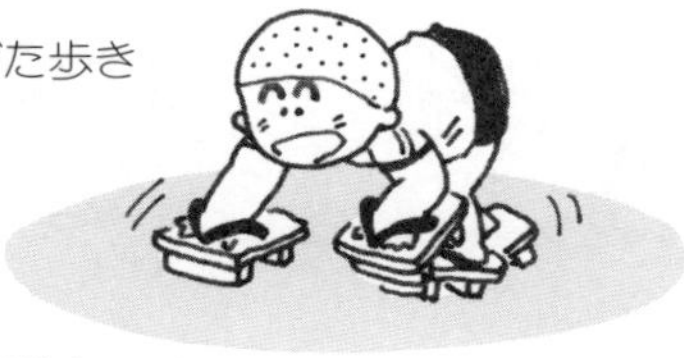

●スリッパホッケー

※ひざをつけたり、押さえたりして玉を防いだり、スリッパで人の身体や玉以外の物をたたいたりしたら、反則！

●靴とりゲーム

２つのチームに分かれ、相手チームの子どもの靴を脱がしては、自分たちの陣地に集めるあそびです。脱がされた子は、はだしの足の裏をつけないように動いて、とられた靴を返してもらいましょう。終了の笛が鳴るまでに集めた靴の数の多いほうが勝ちです。

●スリッパホッケー

新聞紙を丸めた玉や、玉入れの紅白玉をボールにして、スリッパのスティックでホッケーをします。初めはボール（玉）をたくさん用意して、だれもがそれぞれの局面でゲームに参加できるようにします。慣れてきたら、１個のボールでのゲームに発展しましょう。

●古いシーツやふろしきを使ってダイナミックにあそぶ

ふろしきあそびア・ラ・カルト

●キャラメルつつみ
●のり巻きマン
●闘牛士
オーレ
●サンタさん
(子どもは
ボールで)
●ふろしきバレーボール
●打ち上げロケット
○○ちゃんは
どこかな？
●忍者探し
●シーツそり
(4人でもやってみよう)

古くなったシーツやふろしきなど大型の布を使って、ダイナミックにあそびましょう。

● **キャラメルつつみ・のり巻きマン**……つつんだり、巻き終えたりしたら、端を持って引っぱります。そのまま床の上をゴロゴロころがりましょう。

● **サンタさん**……保育者が子どもを２～３人つつんで、持ち上げたり引っぱったりすると、たいへん喜びます。

● **打ち上げロケット**……ふろしきの四隅を持って引っぱり、ボールを上げます。新聞紙などで作った大玉を「おみこし」のように上げたり、２人組同士で上げたり受けたりする「バレーボール」に発展させましょう。

●ぞうきんを使って、だんだん難しい動きに挑戦！

ぞうきんあそびア・ラ・カルト

①ぞうきんがけ
（座って手を動かす）
②ぞうきんがけ（歩く、走る）
③ツイスト
④スケート
⑤クマさんスケート
⑥リュージュ
⑦スキー
⑧ボブスレー
⑨水上スキー（両足）
⑩水上スキー（片足）
⑪手押し車
⑫二人三脚
⑬ボート
⑭ムカデ歩き
⑮機関車
（調子を合わせて）
いっちに
いっちに…

ぞうきんの〝上にのるとすべりやすくなる〟特徴を利用して、身体をひねったりバランスをとったりしながら、すべってあそびましょう。あそんでいるうちに、床もきれいになってしまいます。やさしい動きから難しい動きへ、１人の動きから２人や３人以上で協力する動きへと発展させていきましょう。

〈らせん的発展のカリキュラムを〉

主題あそびに限らず、サーキットあそびやゲームについても、導入から発展への段階を大切にし、年齢や到達度に応じた発展をさせていきましょう。これは、年間を通じたカリキュラムにも同じことが言えます。繰り返すときも、導入段階（スタート）を省略しないことです。

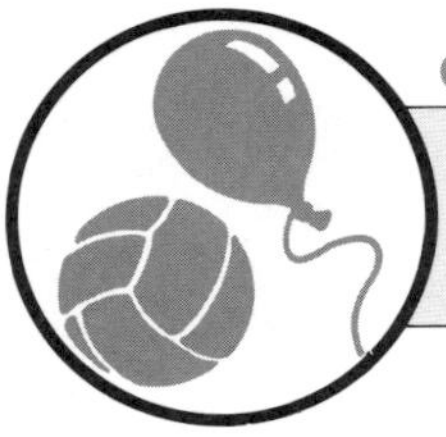

●まず、ボールとのスキンシップから

ボールとなかよし

●まくら
●いす
●拍手
●足をたたく
●手と足を同時にたたく
●回転
●落とさないように回転
●おなかで押さえて回転する
●背中で押さえて回転する
●前後に動く
●大玉に乗って
●エレベーター
下がりまーす
上がりまーす

ボールあそびやゲームをする前に、まず、ボールとなかよくなりましょう。

人間の動作には、バランスを維持したり、自分の身体や物体をコントロールして動かしたり止めたりすることなどがあります。ボールは、与え方によって、これらの動作を満足させるすばらしいあそびを創りだします。

● ボールチェア

ボールをいすに見たてて、ひとりずつボールの上に座ります。次に座っていたボールを回してから、違うボールを探し、手を使わずにおしりで押さえて座ります。

発展として、2人1組になってすると、ルールも少し複雑になっておもしろくなります。

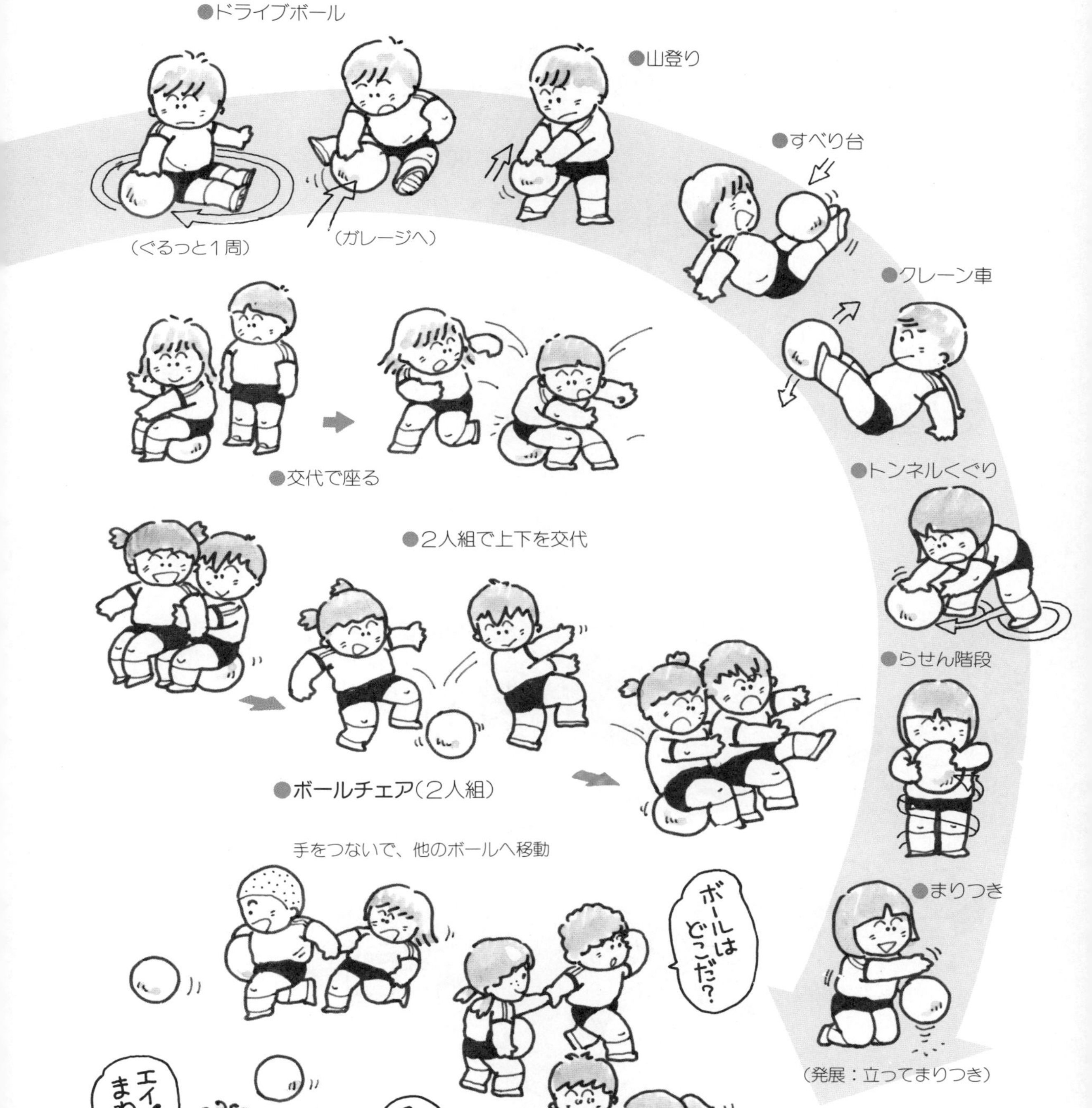
●ドライブボール
（ぐるっと１周）
（ガレージへ）
●山登り
●すべり台
●クレーン車
●トンネルくぐり
●らせん階段
●まりつき
（発展：立ってまりつき）
●交代で座る
●２人組で上下を交代
●ボールチェア（２人組）
手をつないで、他のボールへ移動
ボールはどこだ？

エイ！まわれ
早く早く

上の子が持っていたボールを
回転させてから、移動

ボールを持った子が
ひざの上に座って、
移動完了！

・２人１組で、１人がボールに座り、もう１人はボールを持ってひざの上に座る。
・笛の合図で、下の子は座っていたボールを持ち、上の子は持っていたボールを回転させて移動し、他の回転しているボールを座って止める。

●いろんなポーズでころがそう!

ボールころがし

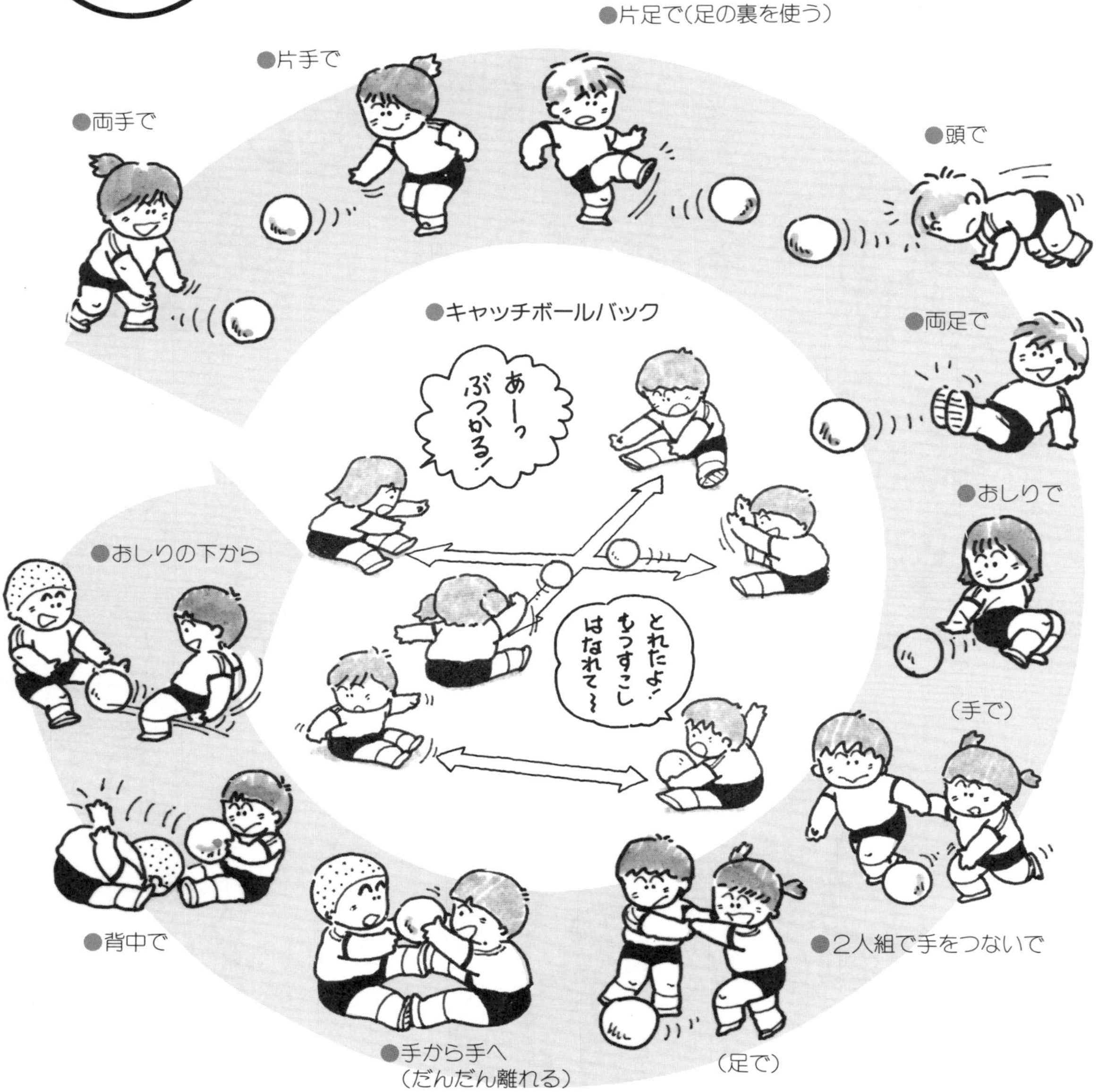
●片足で(足の裏を使う)
●片手で
●両手で
●頭で
●キャッチボールバック
あーっ ぶつかる!
●両足で
●おしりで
●おしりの下から
とれたよ! もっすこし はなれて~
(手で)
●背中で
●2人組で手をつないで
●手から手へ
(だんだん離れる)
(足で)

まずひとりで、手や足、頭など身体のいろいろな部分を使ってボールをころがしてみましょう。次に、2人1組で手をつなぎ、協力してころがします。さらに、2人が向かい合って座り、ころがしっこをします。手だけでなく、背中や腕を使ったり、おしりの下をくぐらせたりして変化を持たせましょう。

●キャッチボールバック

2人1組で向かい合って座り、1個のボールをころがして受けとります。成功するたびに後ろに下がって、距離を長くしていきます。失敗したら元の足をくっつけ合った状態に戻って再開します。下がるほど、グループが入り交って、おもしろくなります。

●いろんなポーズで受けとめよう！

スロウ&キャッチ

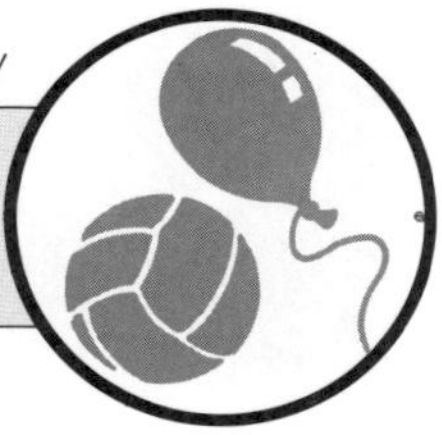

●スロウ&キャッチ
投げて
受ける
（手をたたいてとる）
（バウンドさせてとる）
（背中でとる）
あれっ！
（1回転してとる）
●床にバウンドさせて
（まりつき）
●人間まりつき
●またの間をくぐらせて
●壁にバウンドさせて受けとめる
●身体のいろいろな部分を
使ってスロウ&キャッチ

2人でのキャッチボールをする前に、ひとりでボールをほうり上げ、いろいろな方法で受けとめてみましょう。ワンバウンドさせてから受けたり、手をたたいたり、その場でくるりと1回転したりしてから受ける、背中で受ける……など、だんだん難しい方法にチャレンジしていきましょう。

さらに、2人組で身体のいろいろな部分を使って、ボールをころがしたり、受けとめたりしてキャッチボールをします。発展として、壁にバウンドさせたり、屋根に投げ上げたりして、戻ってきたボールを2人で協力して受けとめます。胸と胸、背中と背中など、いろいろな部分を使ってみましょう。

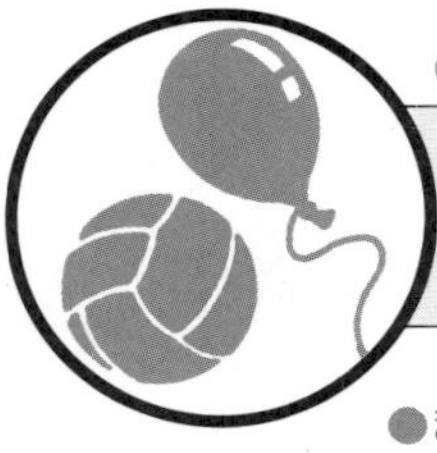

●身体のいろいろな部分にはさんだり、のせたりしてボールを運ぶ

ボール運び

●まずひとりで、身体のいろいろな部分にはさんだり、のせたりして運んでみましょう。

●ペンギン運び
●おなかとおなか
●背中とおなか
●背中と背中
落ちちゃった
●ペンギン列車
ゆっくり ゆっくり
●満員電車
ガタン ゴトン ガタン
●ボール列車

まず、ひとりでボールを身体のいろいろな部分にはさんだり、のせたりして運びます。ボールの数を増やしていったり、大きさを変化させたりして発展させましょう。

さらに、2人で協力し合って運ぶあそびから、横に広がったり、縦につながったりして人数を増やしていきます。

〈発展のしかた＝1人の場合〉

○手と手ではさむ(頭上で)→手と頭→肩と顔→わきにはさむ→手とおなか→おんぶ→手とおしり→手と片足(太もも→足首)→足ではさむ(またの間)

○手のひらの上にのせる→両腕の上→（空気を抜いたボールで）おなかや背中、頭の上

●ヨチヨチ、ユーモラスなボールあそび

ペンギンのタマゴ落とし

●ボールの大きさは{文部省テキストボール(0〜1号) / スプリングボール(直径15.5㎝)}くらいが適当です。

※あそびを始める前に、タマゴは落とすと割れることを話しましょう。

またにはさんだボールを落とさないようにして、他の子のボールをたたき落としたり、逃げたりしてあそびます。

まず、2人組にボール1個を与え、交代でたたき落とす鬼ごっこをします。足の速い子と遅い子でも、ボールのハンデがあるので対等にあそぶことができます。

次に、ひとり1個ずつボールをはさみ、みんなで〝落としっこ〟をします。落とされたら、すぐにボールを拾い、相手を探して再挑戦しましょう。

ボールの色によってグループ分けをし、グループ対抗戦に発展させても、おもしろいでしょう。

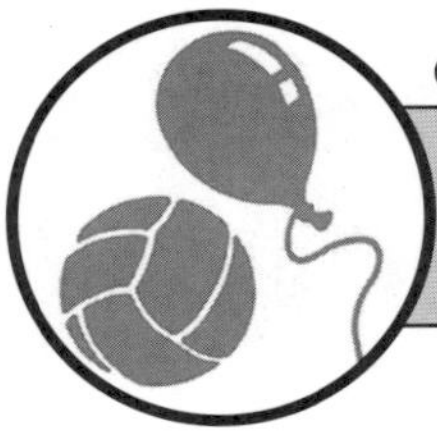

●われそうな「風船」、アツイ「おイモ」…早く速くまわしてしまおう

ボールまわし

●われそうな「風船」まわし（大きなボールで）
落としたり、２個重なったりしたらハレツ！　速く、慎重に！

●焼きイモまわし（小さなボールで）
熱いぞ、熱いぞ！
速く、速く！

※ボールの数は、だんだん増やしていきましょう。

10 人ぐらいで輪になって座り、ボールを次次と隣の子に渡していくあそびです。間隔は、隣の子のひざに触れるくらいにし、だんだんボールの数を増やしていきましょう。

●われそうな「風船」まわし

大きめのボールをわれそうな「風船」に見たて、「ハイ」と言いながら渡します。落としたり、2 個重なったりすればハレツすることにします。みんながその子を指さし,「パーン」と言ったら、後ろにひっくり返りましょう。

●焼きイモまわし

焼きイモ（ボール）は熱いので、早く回すことを約束します。落とした子は輪の中に座り、次に落とした子と交代するまで待ちます。

●手はしっかりつないだまま、足だけを使ってボールを扱うあそび

円形サッカー

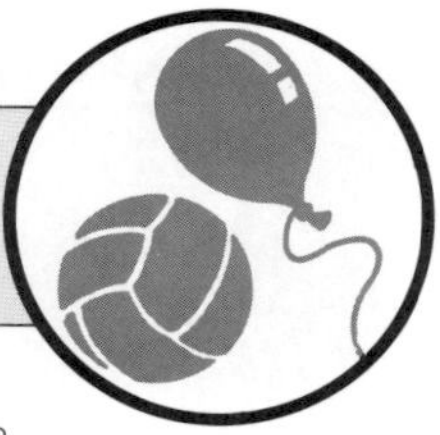

※サッカーあそびの導入としても使いましょう。

●円形サッカー（ボール回しから）

●円形サッカー
ボールとり

それーっ アターック
取られるなよー

ボールまわしの発展として、両手をつないで輪になって立ち、足を使ってボールまわしをしましょう。慣れてきたら、だんだんボールの数を増やしていきます。

●円形サッカー・円形サッカーボールとり

２～８人でグループをつくり、手をつないで輪をつくります。それぞれの輪の中にボールを１個ずつ入れ、けり合います。手は絶対に離さないようにして、外へ出たら、輪になったまま足だけで取りにいきましょう。

次に、他のグループとボールのとりっこをします。とりにいったり、とられないように守ったり、どのグループがたくさんボールを集められるか競争しましょう。

●速く、しっかり渡していこう！

手渡しボール

●頭上から
●また下から
●身体をひねって
●上下交互
●体側で
●ころがして
●けって
●大玉をとび越して
●足ではさんで
●大玉送り
●移動式リレー

8～12人くらいのグループごとに1列に並び、いろいろな方法でボールを順番に後ろの子に送っていきます。最後までいったら、逆を向いて送り返すか、最後の子がボールを持って先頭に移動して繰り返すかして続けましょう。落とさずにすばやくできるようになったら、だんだん難しい動きに挑戦します。

慣れてきたら、大玉を使ったり、グループ対抗のリレーなどに発展させましょう。また次ページの「トンネルボール」にも、そのまま展開できます。身体を曲げる、伸ばす、ひねるといったいろいろな動きが経験できるので、ボールゲームの前に、ボールになじむと同時に、準備運動としての効果もあります。

●「ヨーイ」『ピー』で、トンネルつくり

トンネルボール

（笛の合図と動作）

少人数のグループ（５～12人くらい）をつくって１列に並び、いちばん前の子どもがボールをころがす役、いちばん後ろの子どもがボールを受けとる役になります。

「ヨーイ」『ピー』の笛の合図で、並んでいる子どもは足を開いてトンネルをつくり、ボールを通過させます。じょうずにできたら交代しましょう。

発展として、伏せてから起き上がる「おなかの下トンネル」や、あおむけに寝てからブリッジをする「背中の下トンネル」、往復ですばやく姿勢を変える「ギッタンバッタン送り」などにも挑戦しましょう。グループ対抗のリレーにすると励みになるでしょう。

●「終わり」の合図があるまで、エンドレスなパスリレー

連続ボールつき（パス）

●連続ボールつき

●連続ボールパス

パスの発展
- 手渡しパス
- ころがしパス
- キックパス

1グループを2つの列に分け、縦に向かい合って並びます。中央でバウンドさせたり、パスをしたりして次々に渡していきましょう。渡したら、前方の列の最後尾につきます。

発展として、屋根にほうり上げたり、壁にバウンドさせたりして、連続パスをします。

●ナンバーコール

○５人くらいのグループになり、それぞれに自分の番号をつけます。

○ボールを屋根に投げ上げると同時に任意の番号を呼び、その番号の子が受けます。

○落としたら、他の子は逃げ、落とした子はすぐに拾って「ストップ」をかけます。

○３歩進んで、逃げた子にぶつけると、当てられた子は〝アウト〟になってボールを投げる役になり、ゲームを続けます。

●だれもがボールに触れてあそべるチャンスをつくる

バックスロー

●最初は、ボール１個で始めましょう。

よし、いまだっ!!
ポーン
おっとっと
ホイッ!
えいっ

※受けたら、すぐに後ろに投げます。

ボールを持ったら、すぐに後ろに投げるという単純なあそびですが、どこにボールがとんでくるかわからないので、足の遅い子や動作の鈍い子でもボールを受けるチャンスがあり、みんなで楽しくあそべます。

あそびを始める前に、「ボールを受けたら、すぐに投げること」を話し、「とり合いをしたり、押し合ったりしない」ことを十分に理解させます。また、投げた後、急に振り返って他の子にぶつかることのないように注意しましょう。

最初はボール１個で、何回ボールを後ろに投げられたか競争しましょう。たくさんのボールを使っても、おもしろいでしょう。

●ボールの数を増やして、だれもがゲームに参加するチャンスを増やす

メチャビー

※最初はボールの数を多くして、だれもがボールに触れられるように
チャンスを増やします。徐々に減らしてラクビーゲームに発展させましょう。

※守る役と攻める役を決めたりして、どうすればたくさん集められるか考えましょう。
※陣地は、マットの他にも、地面に線を引いたり、タイヤなども利用したりしましょう。

メチャクチャラグビーの略です。2チームに分かれ、たくさんのボールを自分たちの陣地にとって帰るあそびです。3・4チーム同時にしても、おもしろいでしょう。あそびを始める前に、たたく、ける、髪の毛をひっぱるなど危険な行為をしないことだけは、しっかり約束しておきましょう。

★ボールの数え方

保育者が数えて子どもに教えるのではなく、みんなで声を出し、確認しながら数えましょう。例えば、グループごとに1列に並ばせ、声を出して数えながら、1個ずつ持たせていく（人数以上であれば、さらに2個目を持たせていく）と、『数の対応』の学習になります。

●ふわふわ風船を利用したあそびいろいろ

風船あそびア・ラ・カルト

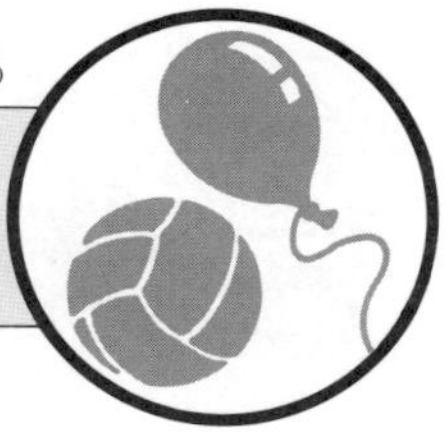

●風船つき
●風船バレーボール
●風船割り
ボヨヨ〜〜ン
●大型風船つき
●風船打ち
(紙テープでとめる)
●風船とばし
フー
フー
●ピン球(風船)吹き

軽い、丸い、割れるなどの風船の特徴を利用して、いろいろなあそびを工夫してみましょう。ボールあそびの導入にもなります。

● **風船つき**……なかなか触れない子どもは、保育者が抱き上げたりして援助しましょう。

● **風船バレーボール**……コートの中央にネットを立てて、幼児にもできるバレーボール。

● **風船打ち**……うちわをラケットにして風船を打ち上げます。上にのせて運ぶ「風船運び競争」も楽しいでしょう。

● **風船割り**……「しっぽふみ」の要領で。

● **ピン球吹き**……風船の代わりに軽いピンポン玉を使って、テーブルの上で吹きっこをしたり、うちわであおいだりします。

●短なわを使って、なわとび以外のあそびを考えよう

なわあそびア・ラ・カルト

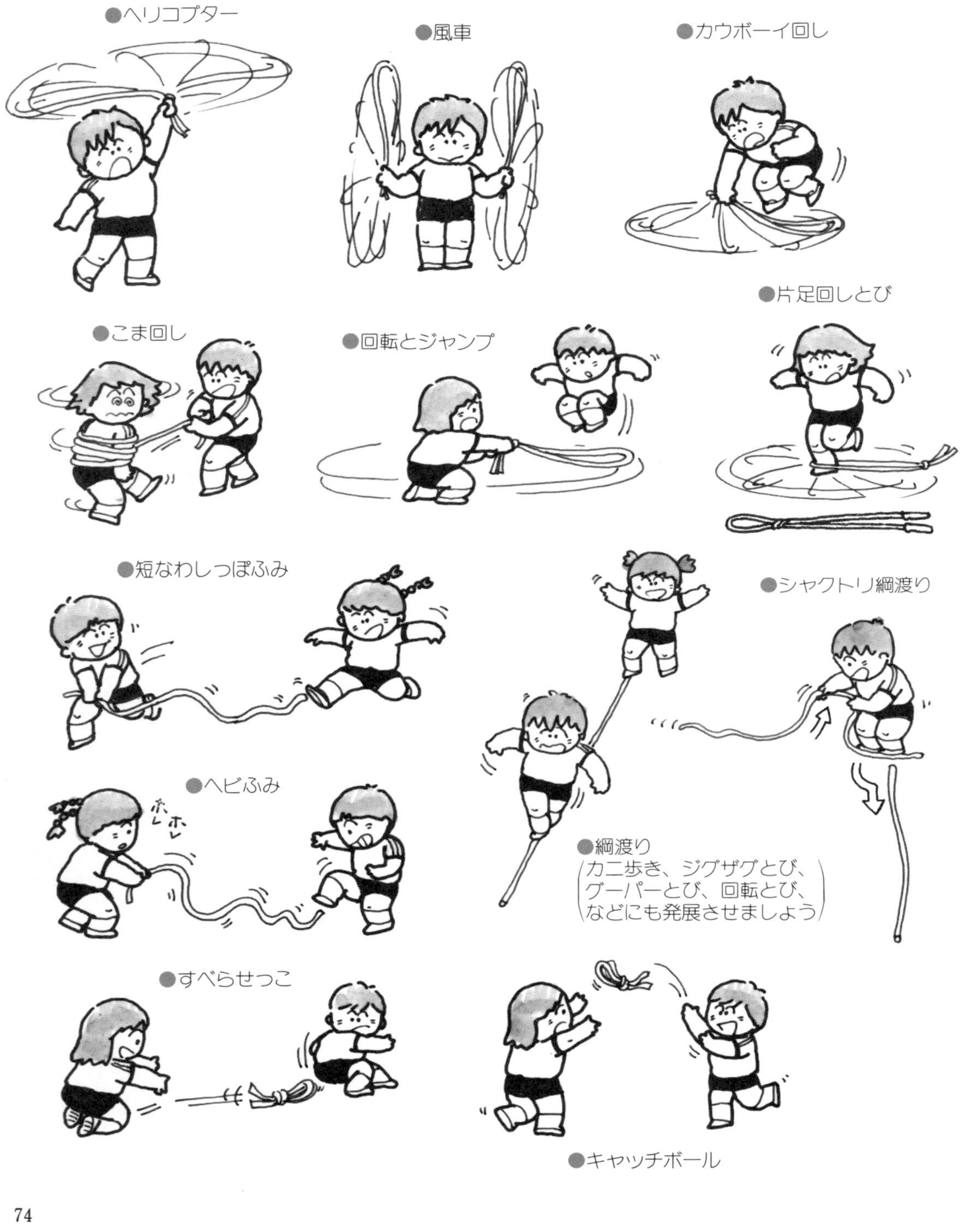
●ヘリコプター
●風車
●カウボーイ回し
●こま回し
●回転とジャンプ
●片足回しとび
●短なわしっぽふみ
●シャクトリ綱渡り
●ヘビふみ
ホレ ホレ
●綱渡り
（カニ歩き、ジグザグとび、
グーパーとび、回転とび、
などにも発展させましょう）
●すべらせっこ
●キャッチボール

なわの結び方(例)

●人間輪投げ

●図形とび

○は、片足
□は、両足
△は、とび越す

●まねっこ場所替え

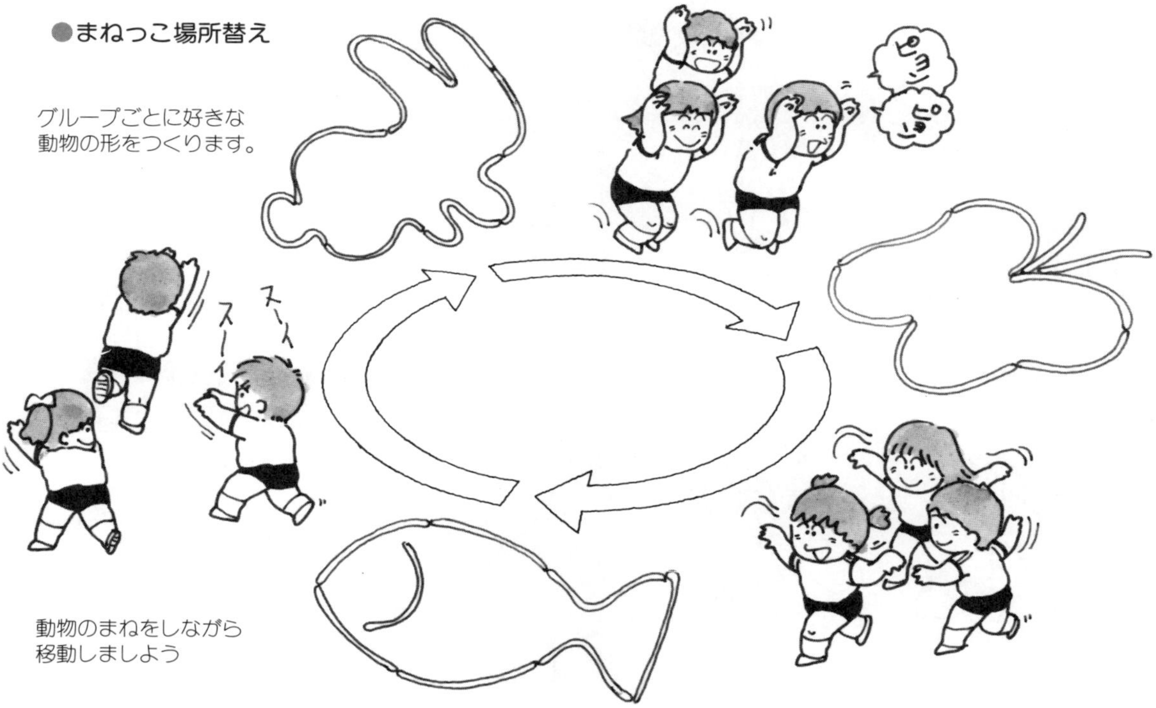
グループごとに好きな
動物の形をつくります。
ピョン
ピョン
スーイ
スーイ
動物のまねをしながら
移動しましょう

なわとび用の短なわを使って、いろいろな運動を工夫してみましょう。

回転させるあそびは、なわとびへの導入になります。また、たすきや棒の代わりに使ったり、小さく結んでボール代わりに投げたりすべらせたりしてあそびましょう。それぞれに身体各部を使った展開を考えましょう。

●図形とび・まねっこ場所替え

短なわで○△□などいろいろな図形をつくってあそびます。ひとりずつの図形を並べ、図形ごとの約束を決めてとんでいきましょう。

また、グループごとになわを組み合わせて動物の形をつくり、場所替えあそびをします。形から形へ移動するときは、その動物の鳴き声やしぐさをまねしながら動きます。

●トリオ(3人組)でなわをとんだり、くぐったり

トリオなわとび

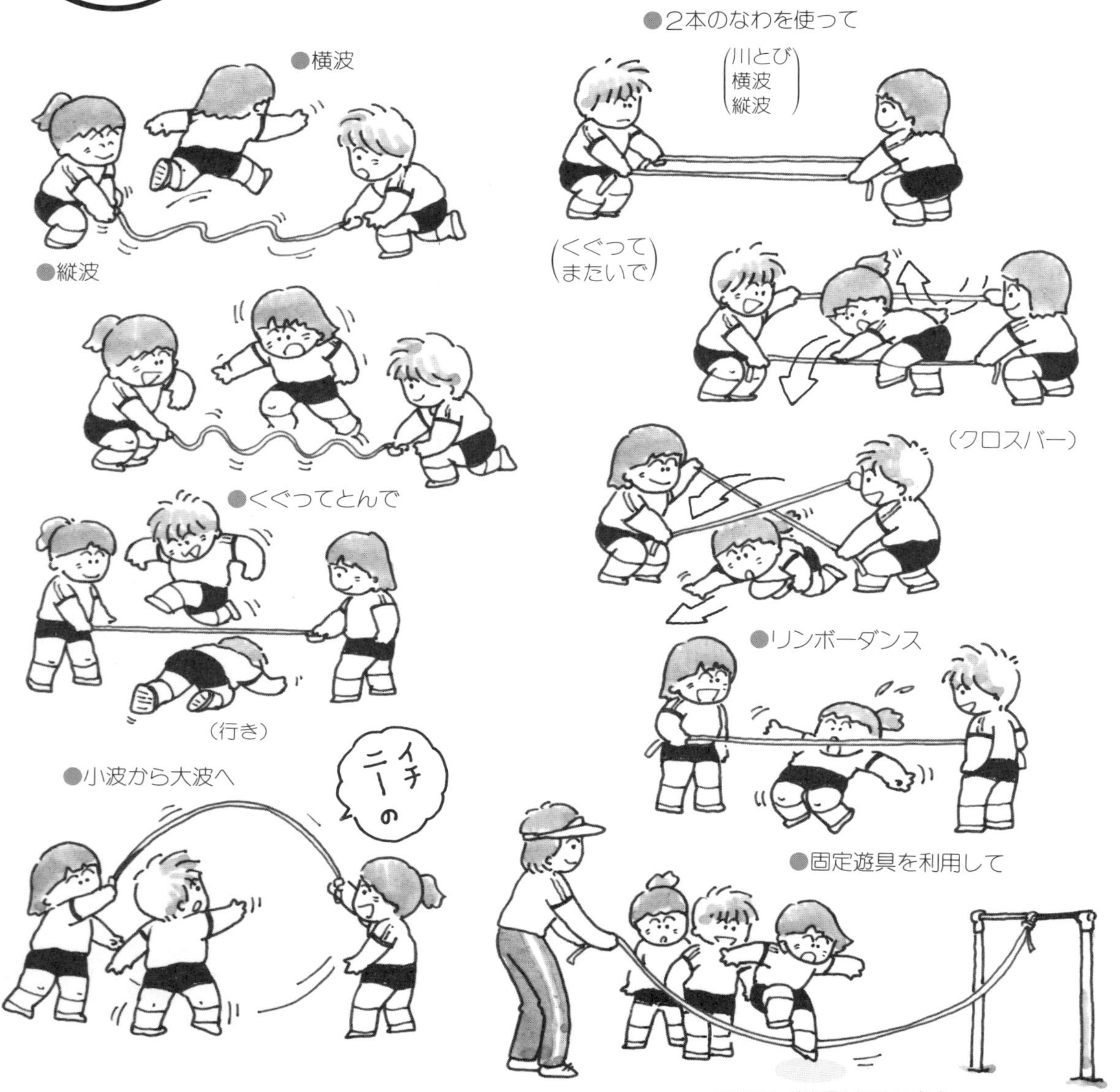
●横波
●縦波
●くぐってとんで
(行き)
●小波から大波へ
イチニーの
●2本のなわを使って
(川とび
横波
縦波)
(くぐって
またいで)
(クロスバー)
●リンボーダンス
●固定遊具を利用して
※丸印でとぶ位置を知らせます。

3人1組のグループになり、それぞれにとんだりくぐったりする順番を決めます。まず、その場でいろいろになわを動かして、とんだりくぐったりします。ひとつの動きごとに順番に交代して全員が経験していきます。なわを2本にしたり、とび方やくぐり方を組み合わせて連続技にも挑戦してみましょう。

その場でとべるようになったら、自由に他のグループのなわをとんだりくぐったりして、戻ってきましょう。戻ってきたときは、指定されたポーズ(例えば、足のグー・チョキ・パー)でなわを押さえて止め、交代します。

さらに、親子なわとびや長なわを使ったなわとびにも発展させましょう。

●3人組で汽車になって"しっぽとり"ゲーム

汽車汽車シッポシッポ

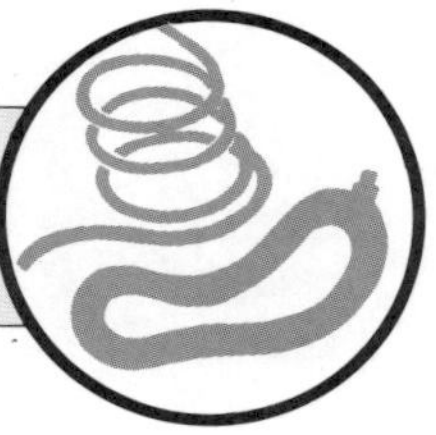

※しっぽをとられたチームは、役割をローテーションして再挑戦しましょう。

〈汽車ごっこのバリエーション〉

●汽車

●1本列車

●2本列車

※グループ対抗で競争してみましょう。

3人が役割分担して、協力しながら動くあそびです。トリオなわとびからの発展としてクラス全員であそびましょう。

3人1組で1本のなわにまたがり、汽車になります。先頭の子は「運転手」で、仲間を連れて動きまわります。後ろの子どもは「車掌」で、なわの先(しっぽ)を持ち、他の組にとられないように逃げる役です。まん中の子どもが「お客さん」の役で、他の組のしっぽをつかまえにいきます。

しっぽをとられたら、順番に役割を交代して、ゲームを続けましょう。勝ち抜き戦にしたり、長なわを使ってグループの人数を増やしても、おもしろいでしょう。

●みんなであそべる長なわあそび

長なわあそび

●川幅とび

（自分のとべる距離を選んで挑戦）

・縦に持ったり横に変えたりします。
・幅も広げたりせばめたりしましょう。
・とんだり、またいだり、くぐったりして越えていきます。

●ビッグウェイブ

キャーッ
ワー
低いときはジャンプ
※子どもがひっかかったら、すぐに手を離しましょう。
しゃがめー
ちょっとまって!!
きゃあきゃあ
高いときは、ふせる

　長なわを使って、大勢でいっしょにできるあそびを考えてみましょう。

○長なわを２本用意して、せまいところや広いところのある〝川〟をつくり、自分のとべる幅のところを探して、とび越します。

○２本のなわの両端を持って、縦や横、幅などをいろいろに変化させます。何人か同時に、またいだり、とんだり、くぐったりしていきましょう。

●**ビッグウェイブ**……円内に子どもたちが入り、２人で持ったなわが横切ります。低いときはジャンプ、高いときはしゃがんで避けましょう。子どもがひっかかったら、すぐになわを離すことを約束しておきます。

●ロープを使って山下り山登り、途中の駅で乗り替え！

ロープウェー&モノレール

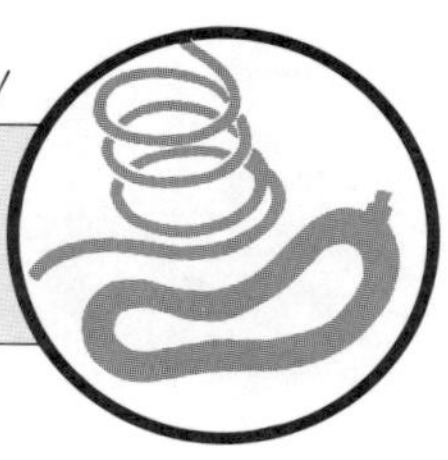

・笛の合図で、逆方向にも進みましょう。
・モノレールでまたぐときの足は、左右どちらからでもできるようになりましょう。
しっかりしばる（とび上がってとどく高さ）
〈ロープウェー〉
（腰より少し高い高さ）
背のびして歩く
またいで走る
〈モノレール〉
端を持って座る

ジャングルジムや鉄棒などの固定遊具、庭木や園舎の柱を利用して、長いロープでコースをつくります。

ロープウェーは、子どもがとび上がって届く高さから、腰より少し高いくらいの高さまで傾斜をつけて張り渡し、しっかりとしばって固定します。さらにロープを伸ばして、端を保育者が持って座り、モノレールにします。

ロープウェーは、ぶらさがらずに背のびをして歩きます。モノレールは、足を上げてまたぎ、ころばないように走っていきます。

笛などの合図で、逆方向にも進みましょう。また、モノレールでまたぐときの足は、どちらの足からでもできるようにしましょう。

●長なわを結んで円なわをつくってあそぶ

円なわあそび

●円なわくぐり

足でも引っぱれるかな？

イチニーの
反動を利用して
勢いよくすべり込む
サン！

●円なわまたぎ
両手を離さないようにしてまたぎ越し、
またまたいで元に戻ります。
バンザイ！
※ころびそうな子は
後ろで支えます。
※なわをゆるめて
やるとやさしく
なります。
※他の子の足を
ひっかけない
ように気をつ
けましょう。

○長なわを結んで(82ページ参照)、円なわをつくります。

○手を持って力いっぱい引っぱり、大きな輪をつくります。そのまま腰を下ろし、足でも引っぱってみましょう。

●**円なわくぐり**……円なわを手に持って引っぱり、「いち、にの、さん」のかけ声とともに、後ろに引っぱった反動を利用して、足からロープの下をくぐります。首をひっかけないように気をつけます。

●**円なわまたぎ**……ロープを持った両手を離さないようにして、またいで中に入り、また、またいで外に出ます。できたら、ロープを手に持ったままバンザイをしましょう。

●円なわを利用したいろいろなリレーのバリエーション

円なわリレー

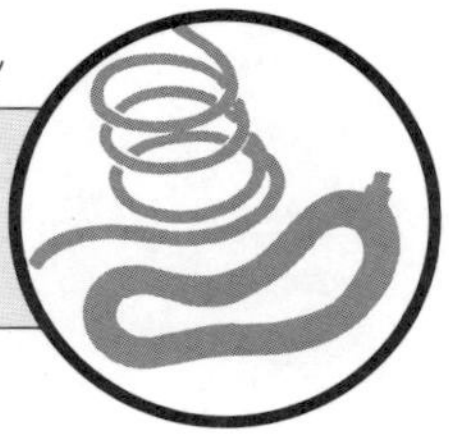

※ロープは、必ず両手で持ちます。

●ジグザグリレー

●ジャンプリレー

（リングは、つり輪などを利用したり、はちまきを輪にしたりします。）

●人工衛星リレー

●サーキットリレー

円なわの周りを回る円形リレーをしてみましょう。円なわを持つ姿勢によって、いろいろなバリエーションが考えられます。

- **ジグザグリレー**……内側を向いて胸の高さに持った子どもの間を、ジグザグにかけ抜けていきます。
- **サーキットリレー**……パラバルーン座りをして、腰の高さにしたロープの上をとび越えたり、くぐったりを交互にしていきます。
- **ジャンプリレー**……外側に向かって投げ座りをした足をジャンプして越えていきます。
- **人工衛星リレー**……ロープに通したリングを持って走ります。自分のところに来たら離し、通過したらすばやく持ち直します。

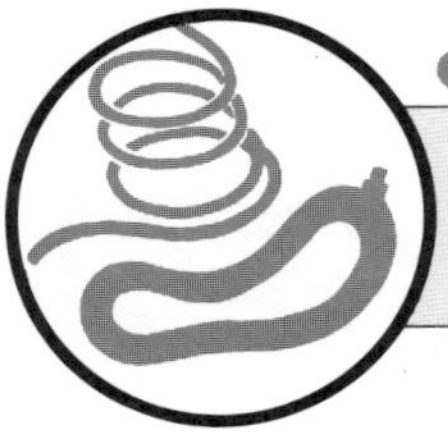

●円なわを使ったグニャグニャ綱引き

円形綱引き

※周囲に危険な物や場所がないか、
事前に確認をしておきます。

※結び目は、指を入れると
あぶないので、保育者が
持つようにします。

ちっとも動かないぞ!
う〜ん

●ロープの結び方

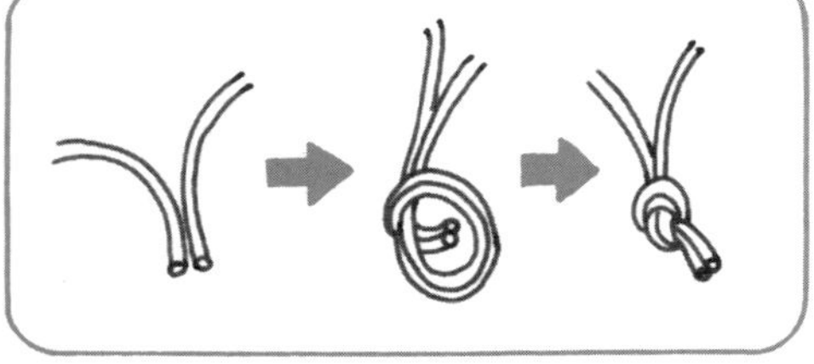

○力いっぱい引っぱり合っても切れないような太めのロープを用意します。

○両端を結んで円なわにし、人数分の等間隔にビニールテープで印をつけます。

○内側と外側の2組に分かれ、交互に印のところを両手で持ち、内側のチームは中へ、外側のチームは外へ引っぱり合います。

○円の中心にフラッグコーンを置き、一定の時間内に内側の子どもが倒せれば、内側のチームの勝ち、倒せなければ外側チームの勝ちです。いくつ数える間に倒せるかを、交代で競い合ってもよいでしょう。

○危険のないよう、できるだけしゃがんだ姿勢で引っぱるように指導します。

●4グループ同時に競える綱引き

十字綱引き

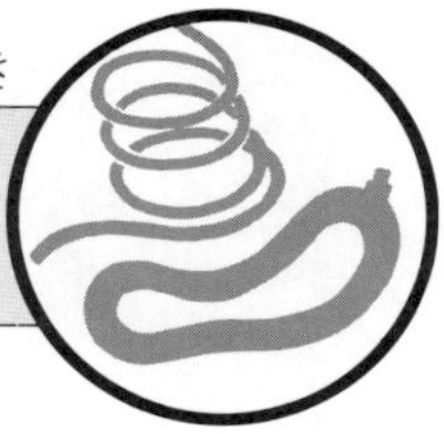

※各チームのロープが同じ長さで直角に交わり、フラッグコーンが等距離になるように位置を決めましょう。

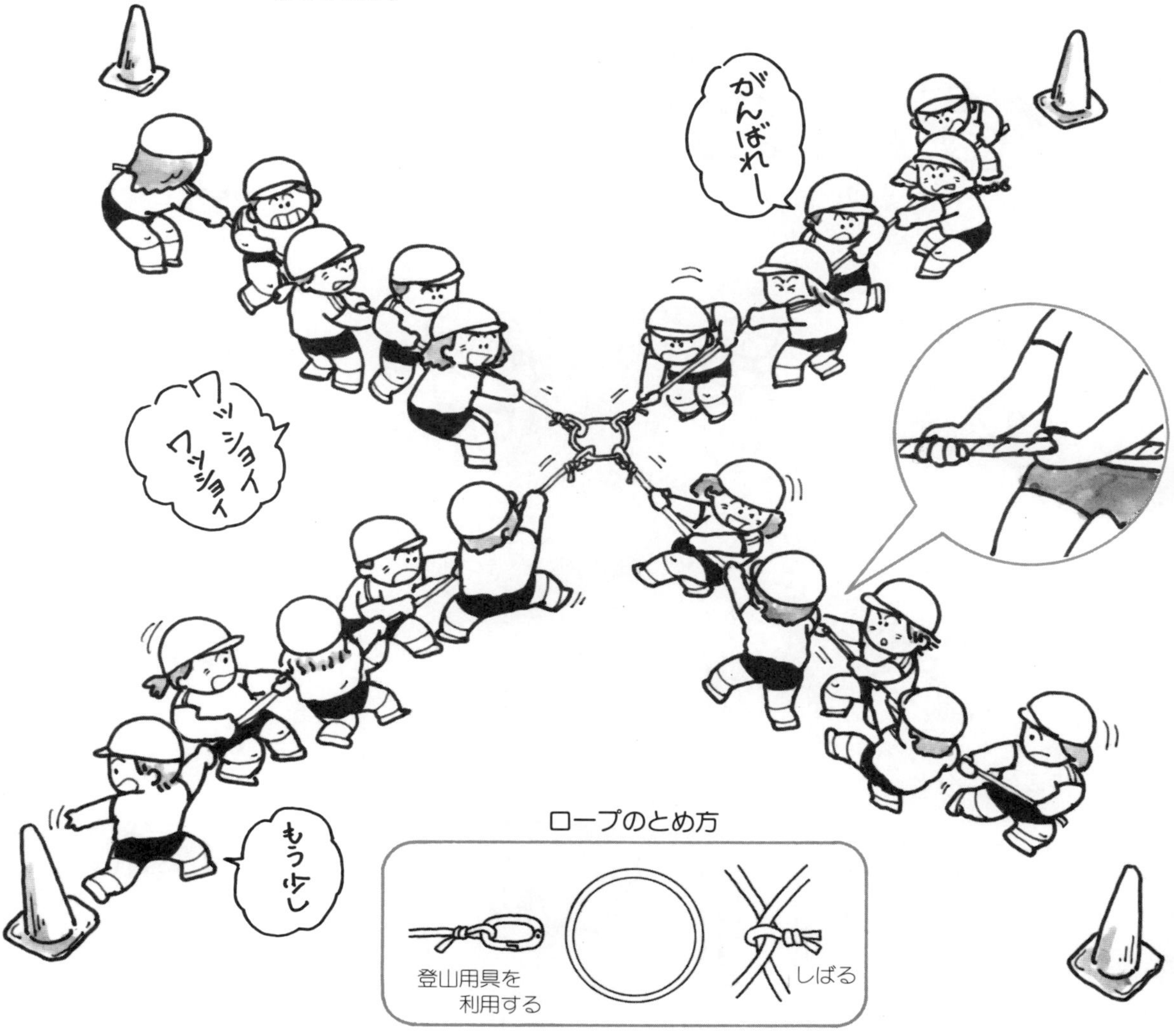

がんばれー
ワッショイ ワッショイ
もう少し
ロープのとめ方
登山用具を利用する
しばる

運動会の代表的な種目のひとつに綱引きがありますが、２チームが引っぱり合うだけでなく、４チーム同時にやってみてもおもしろいでしょう。十字に張ったロープを引っぱり合い、各チームのいちばん後ろの子どもがフラッグコーンを足でけれるようにがんばります。先に倒したチームが勝ちです。

○ロープは、各チーム同じ長さになるように２本のロープをからめ、その上をしばって固定します。登山ロープやロッククライミング用金具を利用してもじょうぶです。

○上から押さえるようにしてロープを持つ子が多いので、拡大図のような持ち方を事前に指導しましょう。

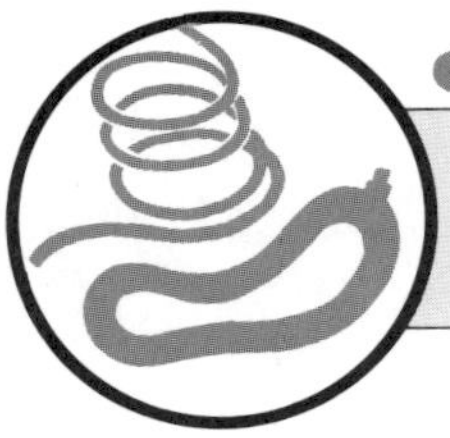

●自転車のチューブの弾力を利用した動きとあそび

チューブあそびア・ラ・カルト

〈1人でする動き〉

●ボートこぎ

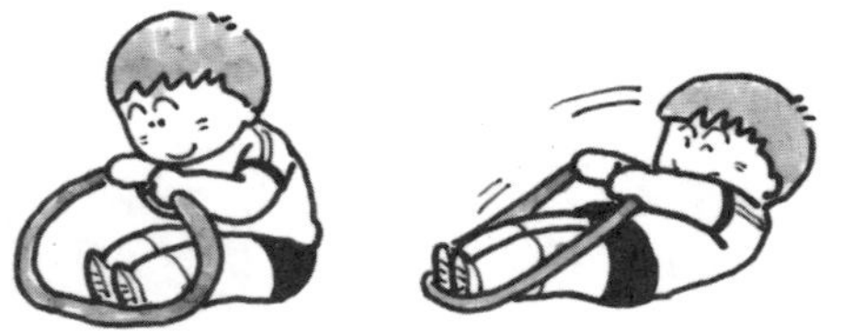

●のびてちぢんで

●チューブロボット

●チューブとび

●重量あげ

●エキスパンダー

●人間パチンコ

（玉は、新聞紙やタオル）

（1本で）

●チューブブランコ

※頭を打たないように気をつけます。

（3本で）

●チューブくぐり

●宇宙遊泳

自転車のチューブを使ったあそびを考えます。基本的な動きとしては、なわや輪を使ったものと共通の要素がありますが、ゴムの伸びちぢみする特性を加わえて考えましょう。

ここでは、1本のチューブをしばって輪にしたものを基本ユニットとして、いろいろな動きをあげてみました。

まず、1人での動きを発展（易→難、弱い力→強い力）させてから、2人組、3人組と人数を増やして、協力しながら動くあそびへと発展させましょう。また、チューブを手具として使えば、これらの動きを基に、なわやフープとはまた違ったおもしろさの集団演技をまとめることができます。

〈2人組でする動き〉

※チューブは、空気を入れる金具の部分を切り取り、
その穴をパンク修理用のゴムでふさいで使います。

走れ 走れ!
まけるな
まけるな

●チューブそりあそび

〈3人以上で〉

ひっぱれ
ひっぱれ
ひらいた
ひらいた

何人はいれるかな?
ぼくも入れてー

出発!

●チューブ列車

●チューブくぐり

※のびきったチューブの間をくぐり抜けます。

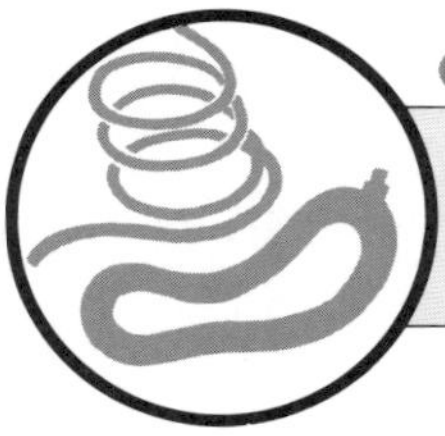

●ゴムひもを使って、とんだりくぐったり

クモの巣鬼ごっこ

※ゴムの端は輪にして、手に持つか
手首にひっかけるかします。

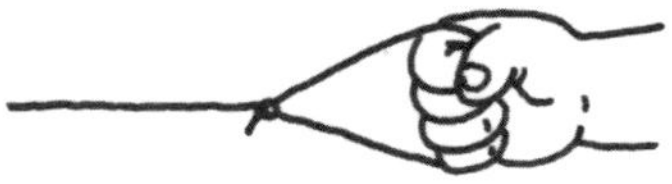

はやくにげろー
まてー
わーっ

※上下左右に動かして鬼の
じゃまをしましょう。

● ゴムとび

○ 2人で持ったゴムひもをとびます。足→ひざ→腰→胸→顔→頭と、だんだん高くしていきます。高くなったら、手を地面について回転しながらゴムを足でひっかけるようにします(側転への導入)。踏んでもよい。

○ 2人で持ったゴムひもを横に数本並べ、順番にとび越えたり、くぐったりします。

● くもの巣鬼ごっこ

2人で持ったゴムひもを、縦横にクモの巣のように並べ、その間で鬼ごっこをします。鬼はひとり、逃げる子は数人にします。ゴムを持った子は、鬼がつかまえにくいようにゴムを上げたり下げたりしてじゃまをします。最後につかまった子が次の鬼になり、他の子はゴムを持っている子と交代しましょう。

●フープを使って、乗り物や動物になって動こう

フープあそび

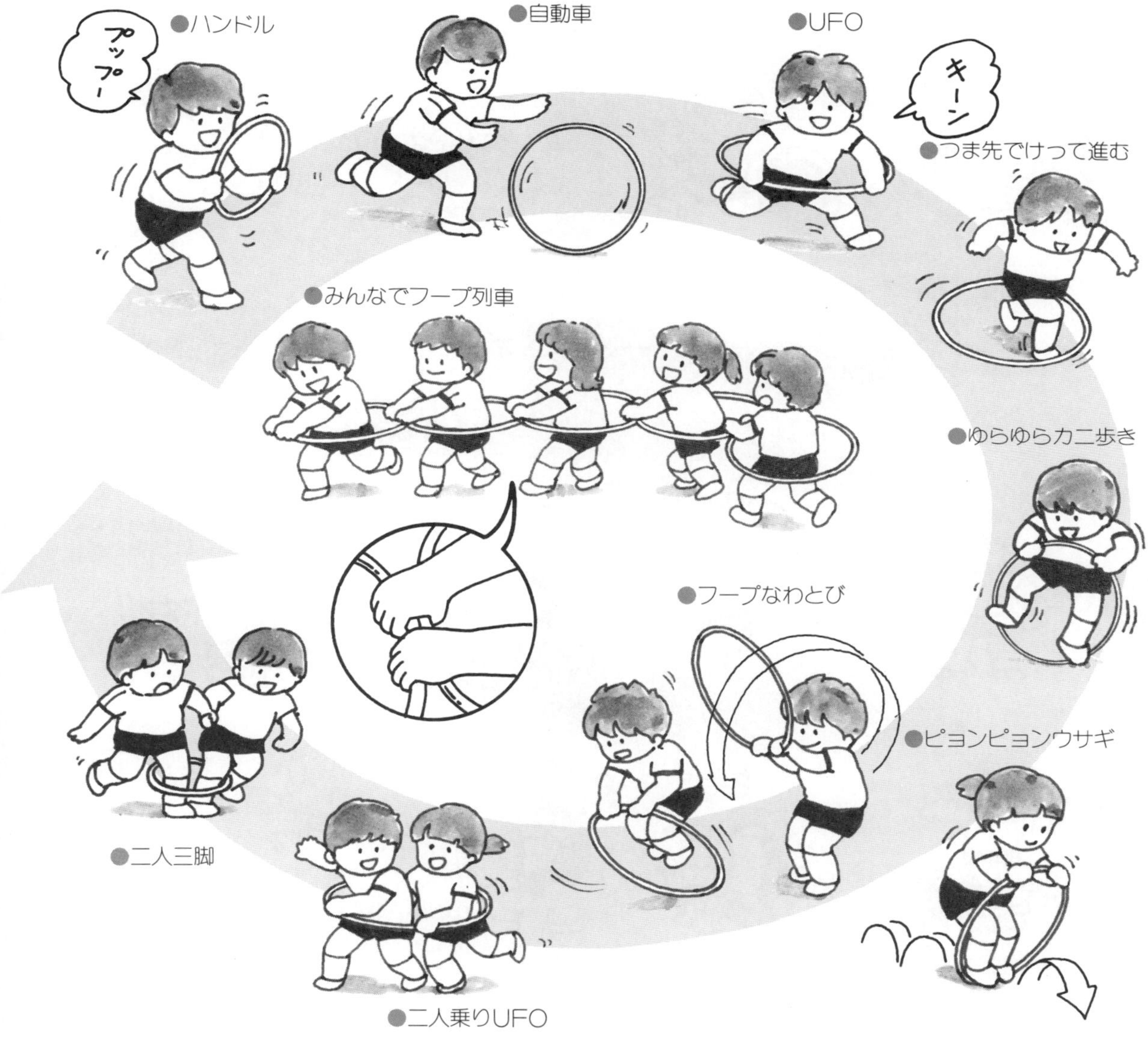
●ハンドル
プップー
●自動車
●UFO
キーン
●つま先でけって進む
●みんなでフープ列車
●ゆらゆらカニ歩き
●フープなわとび
●ピョンピョンウサギ
●二人三脚
●二人乗りUFO

フープを使って、乗り物や動物のまねっこをして動いてみましょう。

軽く丸い輪であるという特徴を利用して、ころがす、くぐるなど、いろいろな動きをくふうしてみましょう。

並べれば、順番待ちの目印や、間をとんでいく障害物としても利用できるでしょう。

サーキットあそびでのコースの誘導やリレー競技でのスタート位置や並び方の目印などくふうして使ってみてください。

●古タイヤを利用してあそぼう

タイヤあそびア・ラ・カルト

●タイヤころがし

ころがして追いかける
止める
フープに代えて、くぐり抜け
・バリエーション
(先回りして)
(足でとめる)
(ひかれる)
(開脚とび)
(小さいタイヤは
とび越える)

●タイヤ下ろし

中に入って、
持ち上げ、
大きな音をたてて
ドスンと落とす
ドスン!!
音をたてないようにそっとおろす

●その他いろいろ

前後左右にジャンプ
くぐり抜け
よいしょっ!
タイヤ運び
タイヤ(フープ)回し
落ちないように歩く
宇宙遊泳
コロコロ
(トラックなどの大型タイヤを使って)
タイヤ乗り
ユラ
ユラ
(自動車のタイヤの側面
をボルトでとめる)
タイヤシーソー
(半分に切って
板をつける)

●ロータリー・スクーター

次、ぼくだ
わー、まてーっ
はやくはやく!
こっちこっち!

〈発展〉
●2人組でころがす

※あまり強く押すと、ころがりにくくなります。
※原付バイク用などの小さなタイヤなら、タイヤの接地面に棒を当ててころがします。

タイヤといっても、自転車用のように細くて軽いものから、大型トラック用のもののように太くて重いものまで、さまざまな種類があります。それぞれの特徴を利用して、いろいろなあそびを工夫してみましょう。タイヤは高い安全性を求められるので、傷物は思いがけない安価で手に入れることができます。

●ロータリー・スクーター

2本の棒で操作してタイヤをころがし、フラッグコーンのロータリーを、各チームとも同じ方向に回って戻り、リレーをします。バイクや普通自動車のタイヤが適しています。

発展として、1本の棒だけでころがしたり、2人組でころがしたりしてみましょう。

●棒を使ってあそんでみよう

台風の目

●2人組の場合

●3人組の場合
どちらが〝台風の目〟になるか
まん中の子どもが指示します。

●グループ対抗リレー

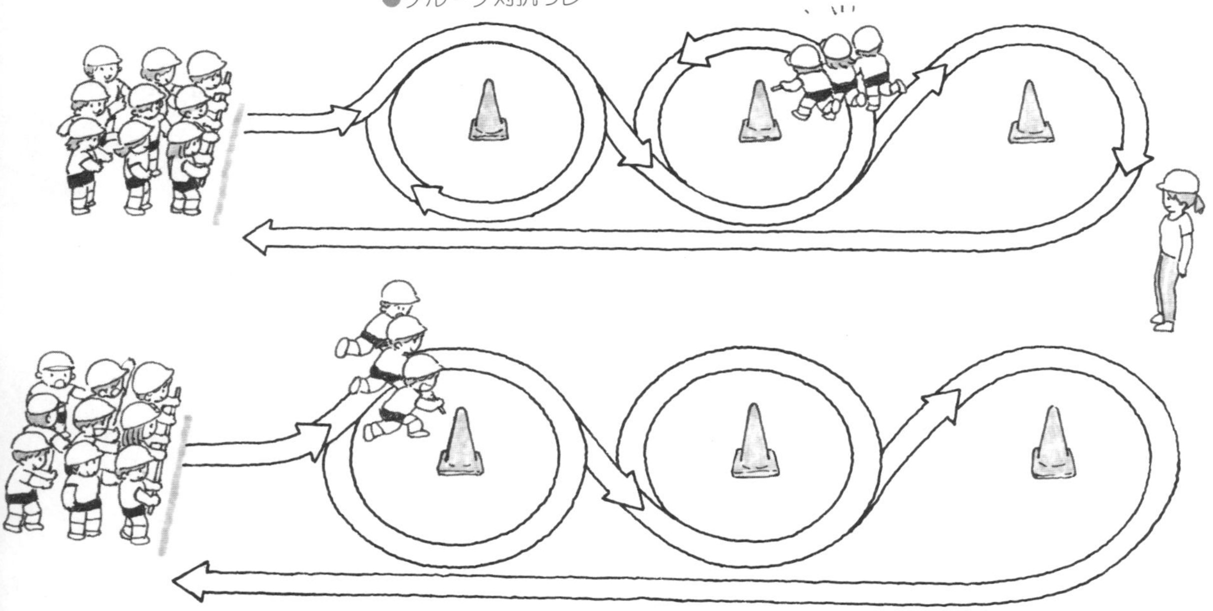

棒を2人で持ち、歩いたり走ったりします。保育者が「台風の目」と言ったら、両手で棒を持ったまま、1人を中心(軸)にして回転します。1回転して元の位置に戻ったら、また歩いたり走ったりします。子ども同士で「台風の目」と声をかけ合ってもよいでしょう。

3人でするときは、まん中の子どもが、左右どちらの子どもが〝台風の目(軸)〟になるかを指名します。

さらに発展として、フラッグコーンを使って、その周りを回りながら走って戻ってくるグループ対抗のリレーをしてみましょう。

その他、線を引く、物を運ぶ、馬や列車に見たてるなど、棒の使い方を考えましょう。

●チョン、チョン、トンと、リズムにのろう

バンブーダンス

●基本の動き

チョン
（竹を合わせる）

トン
（竹を広げて下に打つ）

●4人でリズムをとる練習

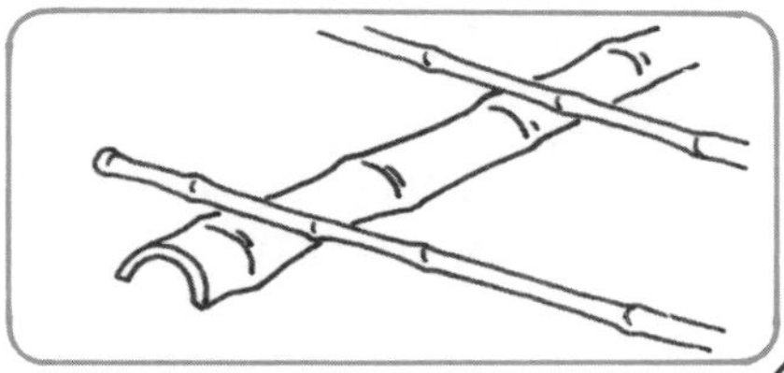

●リズムに合わせて走り抜ける

やった!
チョン チョン
トン トン

まず「基本の動き」のように、ゆっくりとした2拍子でリズムをとりながら、竹の動きと反対に足を開いたり閉じたりを繰り返します。最初は、保育者2人が竹を持ってリズム打ちをして、体にリズムを覚えさせます。

竹の棒でリズムをとる発展として、4人がクロスして打ってみます。4人のリズムが合わないとうまくいきません。

慣れてきたら、だんだん速くしたり、いろいろなリズムに挑戦したりしてみましょう。

発展として、何組か並んだ竹の棒の間をリズムに合わせて通り抜けましょう。できない子には、保育者が手をつないでいっしょに通り抜けましょう。

●マットを使った動き、ア・ラ・カルト

マットあそび

※「動物まねっこ」(14ページ)や「じゃんけんチエンジ」(19ページ)などのムーブメントあそびを参考に動きを考えてみましょう。

〈個人〉

〈対人〉

〈交互〉

●でこぼこマット
●傾斜をつくる
●丸めてあそぶ
ゴロゴロ
（馬のりやとび越しにも利用）
（押し合う
ぶつかる）
●押したり引いたり
●通り抜け
●山登り
ウレタンマット
●川とび
ぴょん
※マットがすべらないように固定しておく。
がんばってー
補助者
●とび移る

前転や後転だけでなく、マットでの動きをいろいろと考えてみましょう。２人組の動きを加えると、さらにバリエーションが広がります。さらに、ボールなどを使ってでこぼこにしたり、踏み切り板などで傾斜をつけると、楽しい動きが考えられます。

また、マットそのものを丸めたり、引っぱったりしてあそんだり、障害物に利用したりしてみましょう。丸めてみるだけでも、ころがす、とび越す、押し合う、ぶつかり合う、馬とびの馬にするなど、いろいろなあそび方が考えられます。とび下りたり、とび越えたりするときは、危険のないように保育者は必ず補助の位置を考えましょう。

●マットのぶとんに逃げ込めば、セーフ！

マットぶとん

●しきぶとん

●サンドイッチ

マットを数枚、ばらばらに並べます。リーダーが「しきぶとん」と言ったら、マットの上にすばやく寝ます。「かけぶとん」と言えば、マットの下にもぐりこみます。

次に、鬼を決めて、マットに入りきれていない子をつかまえます。つかまった子どもも鬼になり、鬼がだんだん増えていきます。最後まで残った子どもが、チャンピオンです。

マットからはみ出してはいけない基準をだんだん厳しくしていくと、動きがより活発になっておもしろくなるでしょう。

さらに、しきぶとんとかけぶとんを合わせた「サンドイッチ」も加えて、発展させてみましょう。

●なかなか引き抜けないぞ、人間イモ！

イモ掘りごっこ

※引き抜く側も、引き抜かれる側も、
お互いに助け合ってもよいでしょう。
がんばれ
もうちょっとだ
たすけて〜
きゃ〜〜！
わー
はなせーっ
ひえ〜
※マットの縁をつかんで、最後まで引き
抜かれないようがんばりましょう。
※マットの外へ出したら
手を離すこと。

マットを数枚合わせて並べ、イモ畑に見立てます。子どもを２グループに分けて、一方のグループはイモ役、もう一方のグループがイモを引き抜く役になります。

イモになった子どもは、マットの畑にしがみついて、マットの外へ引き抜かれないようにがんばります。

なかなか抜けないイモは、みんなで協力して引き抜くようにことばがけをしましょう。全員が引き抜かれたら、役を交代します。

引き抜く役を最初はひとりにして、引き抜かれたイモ役の子どもが手伝っていくようにしてもよいでしょう。最後まで残った子どもがチャンピオンです。

●マットの外は海！　落ちないようにがんばれ！がんばれ！

マット島落とし

※マットを持ち上げないようにして揺する。
※両手を胸の前で組んで押し合いましょう。
※手を使って相手を押したり引っぱったりしたら反則。
※落ちた子は、外からマットを揺さぶりましょう。
※自由にとび移ります。
エイッ
あっ、しまった
落ちろーっ

●マット島の鬼ごっこ

マットを数枚、適当に離して並らべてマットの「島」をつくります。鬼をひとり決め、他の子どもはマットから落ちないようにしてマットからマットへ逃げましょう。鬼はタッチするだけでなく、手を使わずに外へ押し出してもよいことにしましょう。

●マット島落とし

2チームに分かれ、マット島からの落としっこをします。胸の前で腕を組み、手を離さずに肩やおしりを使って押し出します。マットから押し出されたり、ころんだりした子どもは、外からマットを揺すって、残っている相手チームの子どもを外に出しましょう。

●ヤレ引け、ソレ引け、揺らせ、揺らせ！

マット地曳網

●マット地曳網

※ころばないように両足でしっかりふんばって、バランスをとりましょう。

がんばれー
それーっ
えんやこーら
ひっぱれー

●対抗ガタガタマット引き

○先にころんだ子のチームが負け。

○マットに乗る子を交代してゲームを続けます。

・２人ずつ交代して、全員の勝ち負けの数を競う。

・勝ち残りにして、負けた子だけ交代していく。

●マット地曳網

マットの側面のとっ手にロープを通し、地曳網のようにみんなで声をかけながら、力を合わせて引っぱりましょう。マットの上には、２～３人ずつ交代で乗って、サーフィンのように倒れないようにがんばります。いくつ数えるまでがんばれるでしょう。

●対抗ガタガタマット引き

「地曳網」のマットを２枚にし、ロープを結んで輪にします。２チームに分かれて、それぞれの代表を１名ずつマットの上に乗せ、他の子は、相手チームの代表をころばせるようにロープを引っぱり合います。先にころんだほうが負けです。

●マットのおみこし、ワッショイワッショイ！

ワッショイおみこし

※子どもが下敷きになったとき、マットの上にとび乗らないよう約束します。

・右や左に、みんなに遅れないようについていきましょう。
こんどは左よ！
ワッショイ
ワッショイ
・笛が鳴ったら、手を離してマットの外へ逃げます。
ピー
ワッショイ
たすかった
ペッチャンコ
ワッショイ
・マットの上に人を乗せるときは、必ずうつ伏せに寝かせます。

ウレタンマットをおみこしにして、みんなで持ち上げて動きまわります。全員がマットの下に入り、頭の上に持ち上げるようにします。保育者かリーダーが、動く方向を指示しましょう。

笛の合図で、いっせいに手を離して、マットの下じきにならないようにすばやく外へ逃げましょう。もし、下じきになっても、ウレタンマットは、軽くて柔らかいので安全です。

マットの上に子どもを乗せるときは、1人だけにし、必ずうつ伏せに寝かせます。座ったり立ったりしてはいけません。持ち上げる子どもは、腰の高さで持ち、保育者が頭のほうを持つようにします。

●スーパーマンみたいに空を飛んで、ウレタンマットにとび込もう！

スーパーマンジャンプ

●手足を伸ばし、勢いよく頭のほうからとび込みます。

ゴロゴロ

ジャンプ！
=3

※ひざを打たないように、中央までジャンプ！

●スーパーマンジャンプ競争

・こぼれたボールは、みんなで協力して、すばやくマットの下に入れ直します。
・動きが止まったら、すばやく降りましょう。

※板の上に普通のマットを敷いてもよい。

○10人くらいずつの２チームに分かれ、各自１～２個ずつボールを持ちます。

○「スタート」の合図で、自分のチームのウレタンマットの下にボールを入れます。

○各チーム１人ずつ、スーパーマンになった子どもがマットの上に助走をつけてとび込んで、マットを進ませます。

○とび出したボールはすばやく、みんなで協力してマットの下に入れ、ジャンプを繰り返しながら、どちらが早くゴールに到着するか競争します。

○スーパーマン役は交代していってもよいでしょう。ゲームの前に、勢いよく身体全体でとび込む練習をしておきましょう。

●フラッグコーンを倒すチームと立て直すチームの対抗戦

七転び八起き

●2チームに分かれ、一定時間で役割を交代しましょう。

〈応用〉

・ペア(2人組)をつくり、1人が倒す役、もう1人が立て直す役になり、笛を合図で交代します。

・「出し入れレース」(115ページ)を参考に、リレー競技への応用も考えましょう。

2チームに分かれ、一方はパンチやキックでフラッグコーンを倒していき、もう一方のチームは倒れたフラッグコーンを立てていきます。一定時間で交代して、倒した数を競い合いましょう。さらに、キックで倒した場合は足で立て直すなど、ルールを工夫してみましょう。

★フラッグコーン

交通安全具の円錐標識を応用し幼児体育に取り入れたものです。安全で、運びやすく、風で倒れにくいなどの特徴を利用して、色分け(市販のものは、赤・青・白・黄の4種類)して、旗代わりに使えます。リレーの円周などに置くと安全で、ラインを描く必要がありません。運動会でも、各競技にも利用できるでしょう。

●フラッグコーンを使ったボールさがし

コーンのボール探し

●イスとりゲームのように

※115、116ページを参照して、運動会競技種目にも応用してみましょう。

●2チームに分かれて

○フラッグコーンを園庭（ホール）の中央にバラバラに並べ、数個のボールを隠します。

○イスとりゲームのように、コーンの周りを走り、合図とともにボールを探します。

○人数やボールの数をだんだん減らしていったり、探すボールの色を指定したりしてもおもしろいでしょう。

○２チームに分かれ、それぞれ４～８本ずつのフラッグコーンを置き、その中にボールを１個だけ隠します。

○ひとりずつ交替で相手チームに出かけていき、コーンを１つだけ指定します。

○ボールが入っていれば持ち帰り、たくさん見つけたチームが勝ちです。

●ボールをけってフラッグコーンを倒すゲーム

コーン倒しサッカー

●キックコーン倒し

インステップキック
足の甲でける
※他の子に当てないように注意！
あっごめ〜ん
あいたっ
あれっ
やった！

※ボールは、手を使わずに
足だけで扱いましょう。

●発展（コートをつくって）

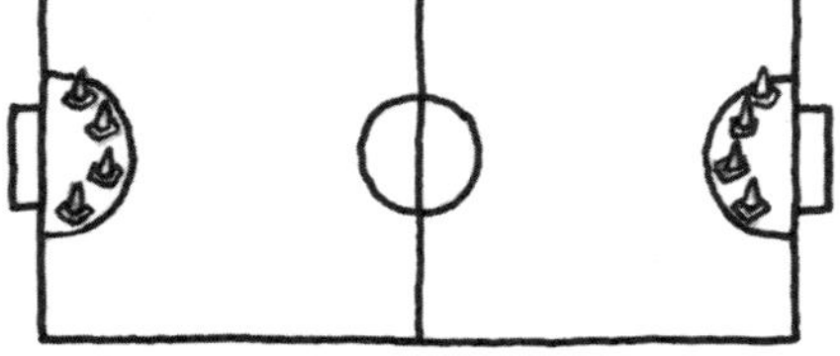

ボールはたくさん用意します。

○フラッグコーンを園庭の中央にバラバラに並べ、ひとりに1個ずつボールを与えます。

○手を使わずに、ボールをけってコーンを倒す競争をします。

○ボールが当たっても、コーンはなかなか倒れません。どういうけり方がいいのか、みんなでくふうさせましょう。

○コーンの上のほうをねらうので、しぜんに足の甲を使ったインステップキックを修得していきます。

○発展図のように、2チームに分かれてコーンを倒す対抗戦形式のサッカーあそびに発展させましょう。慣れるにしたがって、ボールやコーンの数を減らしていきます。

●フェルト地のボールとマジックテープを利用してあそぶ

ピタッチ鬼ごっこ

●マントをつけて鬼ごっこ

●数字や文字の形にして

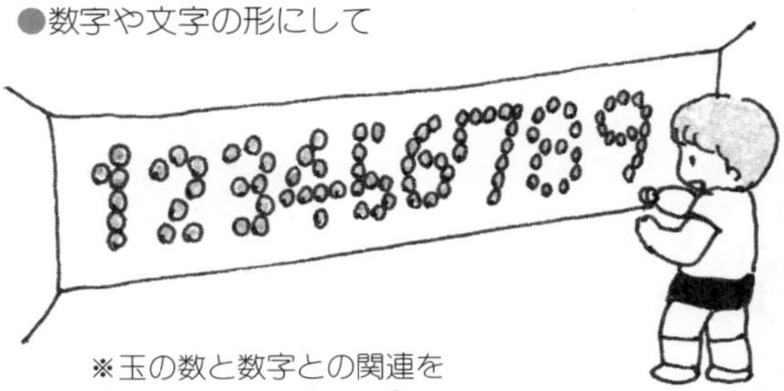

※玉の数と数字との関連を
おさえておきましょう。

●マント掃除機

●マジックテープの
つけ方の例

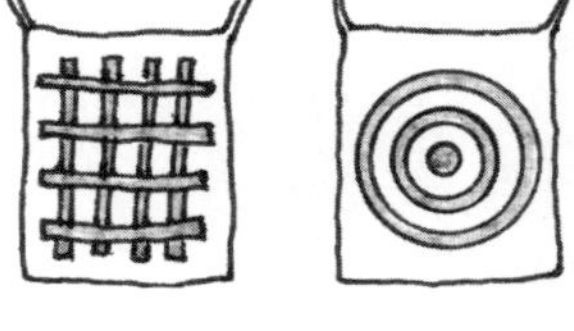

フェルト地で作ったボールとマジックテープを利用して、ボールをくっつけてあそびましょう。

○布やふろしきをマントにして、マジックテープをぬいつけます。マントをつけた子どもは、他の子どもが投げたボールをくっつけられないように逃げましょう。

○マントを壁にはっておけば、的当てゲームができます。

○マジックテープを、数字や文字、動物の顔などの形にぬいつけておくと、いろいろなあそびや運動会の競技にも利用できます。

○あそびの最後は、マントを持って散らかったボールをかたづけあそびをしましょう。

●お手玉や豆袋を応用した新しい手具を使ってあそぶ

パフリングあそび

〈個人〉から〈対人〉へ発展させましょう。

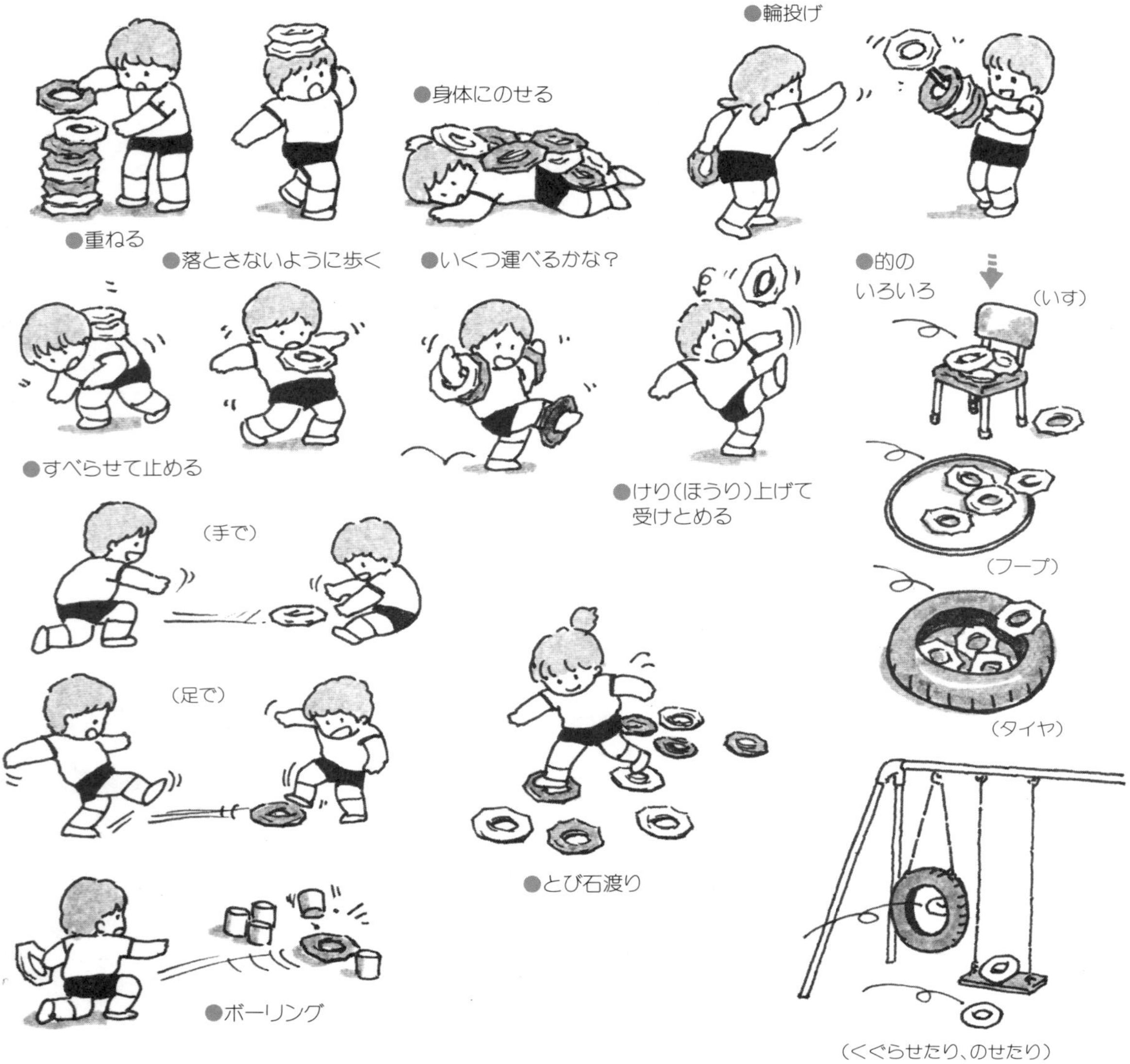
●輪投げ
●身体にのせる
●重ねる
●落とさないように歩く
●いくつ運べるかな？
●的の
いろいろ
（いす）
●すべらせて止める
●けり（ほうり）上げて
受けとめる
（フープ）
（手で）
（タイヤ）
（足で）
●とび石渡り
●ボーリング
（くぐらせたり、のせたり）

お手玉やビーンズバッグ（豆袋）も、重ねたり、身体の上にのせたり、投げたりして、体育あそびに利用できます。これらを改良して、引っぱったり、ねじったりできる強度を備えた手具が、パフリングです。いろいろな運動から、リズム体操や運動会の演技種目にも発展させてみましょう。

★パフリング

デンマークのビーンズバッグをヒントに、松本迪子先生が考案した運動手具です。素材は布で、シンプルな作り（15cm四角の角を抜いて八角形にし、その中央を丸く抜いてぬい合わせ、中にそばがらなどをつめる）なので、強度をあまり問題にしない場合は、手作りしても使えます。

●色分けした円盤を使ったあそび

カラーコール

●指定された円盤に早く座る競争から始めましょう。

きいろ!
もう だめだーっ!
わー! とどかない

薄い板やビニールシート、カラー不織布などを使って、直径30㎝ほどの円盤をつくります。色は４色以上にします。パフリングや小リングを利用してもよいでしょう。

最初は、指定された色にすばやく座る競争です。まず１か所に１人と決めて行ない、慣れてくれば、「赤に３人」「白に４人」というように１か所に座る人数を指定します。

発展として、「赤は右足、白は左足、黄は右手、青は左手」のように色と置いてもよい手足を決めておき、リーダー(保育者)が次々と色を指定していきます。ころばないように身体のバランスをしっかりととりながら、指定された色の円盤に手足を置いていきます。

●パラバルーンあそびに入る前に

パラバルーンの基本操作

●空気を入れる
（バンザイ→パラバルーン座り）
●小波
持ち方
親指を下にまわす
※上からしっかりつかみましょう。
●大波
●前進
●笛の合図と姿勢
ピッ
（きをつけ）
●中に入って座る
→前進
●座る→後退
ピーッ
（バンザイ）
●ころがる
●前転
ピッピーッ
（パラバルーン座り）

あそびの前に次のような点に留意します。

○パラバルーン座りを統一させる。
○パラバルーンの持ち方を統一させる。
○パラバルーンの上をふまない、乗らない。
○円形の子どもの配置にいつも気を配る。
○グランドの広さによって人数を決める。
（直径７ｍ……子ども40人を限度とする）

★パラバルーン

パラシュートとアドバルーンの合成語。パラシュートナイロン生地を使用した直径７～８ｍのじょうぶな円形遊具です。集団あそびを通じて、タイミングや運動のリズムをうまくとらえる感覚を養う遊具として、水谷英三先生によって考案されました。音楽に合わせてあそぶと、ぐんと楽しくなります。

●イヌになって山を登ろう

山のぼり

（笛の合図「ピッピーッ」）　バンザイからパラバルーン座りへ

床につけて山のようになったパラバルーンを
踏んづけるようにして登っていきます。

106 ページのパラバルーンの基本操作で、「バンザイ→パラバルーン座り」をすると、山のようになります。この山をイヌになってよじのぼります。イヌになってというとしぜんに四つんばいで登ります。立って行なうとバランスを崩すことがあるので避けてください。

●玉を入れるチームと出すチームの対抗ゲーム

パラ玉入れ

※パラバルーンをしっかり持って動かす練習になります。

2つのグループに分け、1つのグループは、パラバルーンの上に発泡スチロールのボールを投げ入れます。ボールは、紅白玉や新聞紙やはちまきを丸めたものなどでもよいでしょう。もう1つのグループは、パラバルーンを持って、大波や小波で揺すってボールを外へ出しましょう。

○**パラ玉出し**…… 1つのパラバルーンを紅白2チームが交互に並んで持ち、波をつくって上にのせた紅白1個ずつの相手のボールを早く外に出したチームが勝ちです。

○**パラ玉つかみ**…… 2チームに分かれて、相手チームのパラバルーンの下に代表選手を入れ、上にのせたボールを先につかまれたチームが負けです。

●クジラ（パラバルーン）につかまらないようにくぐり抜け

パラクジラ

●小波の下は、はってくぐり抜け

●大波の下は、腰をかがめてくぐり抜け

●パラクジラにつかまった！

※バンザイのときは、いろいろなポーズをとりながらくぐり抜けましょう。

出してくれー
ワーン
きゃー
わーつかまった

（笛の合図「ピッピーッ」）

※バンザイからパラバルーン座りへ

まず、パラバルーンの下をいろいろな姿勢でくぐり抜けてあそびます。次に、笛の合図でパラバルーンを床につけ、逃げ遅れた子どもをつかまえましょう。

さらに、中に入っている子を出さないようにパラバルーンを押さえ、だれが早く外に出られるか競争します。

○**場所替えパラバルーン**……赤と青など、色違いの２体を使い、指示された色のパラバルーンの下に早く集まるあそびです。パラバルーンを持った子は、指示と同時にバンザイをしてから床につけ、遅れてきた子どもが入れないようにしましょう。

○**パラおばけ**……保育者２人で持って、風上に逃げる子どもたちを追いかけましょう。

●土（パラバルーン）の中から顔を出す「穴ウサギ」をつかまえよう！

キツネのウサギ狩り

●キツネのウサギ狩り

※キツネも中に入ってもよいことにしてもかまいません。

●カムバック

キツネ（鬼）とウサギ（逃げる役）を決め、残りの子どもはパラバルーンを持って座ります。ウサギは、周りの子どもたちに助けられながら、パラバルーンの中や外を自由に逃げまわります。キツネは、外に出てきたウサギを待ちかまえてつかまえます。ウサギとキツネの数の組み合わせを変えて、発展させましょう。

○**カムバック**……２チームが１つのパラバルーンの周りに交互に並び、お互いに両隣の子どもをよく覚えておきます。１チームは中に入って目を閉じて（年少児は開けたまま）しゃがみます。もう一方のチームはパラバルーンを持って、「かごめかごめ」を歌いながら回り、歌い終わったら押さえます。中の子どもが元の自分の場所を探して戻る競争をします。

●パラバルーンを使ったリングリレー

パラバルーンリレー

●パラバルーンリレー

（発展）下をくぐる

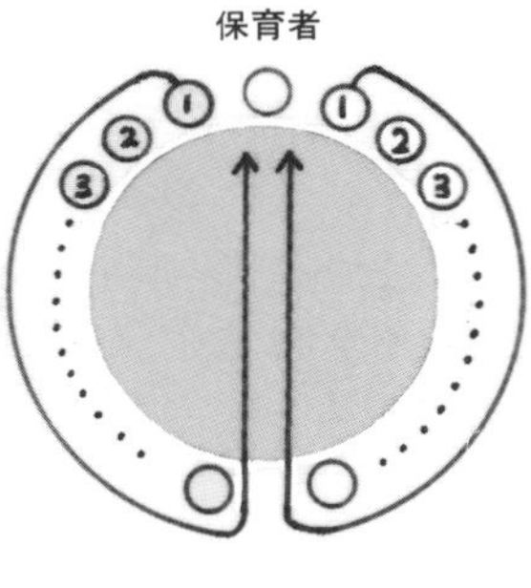

●パラバルーンの
ボールまわし

〈姿勢の変化〉
・座る→きをつけ
・きをつけ→バンザイ

●パラバルーンサッカー

※保育者は中央で支柱になり、止まっているボールをけり出したり、なかなかけれない子どもの前へそっと送ってやったりします。

2チームに分かれ、パラバルーンを使ったリレーをしてみましょう。「ビッグリングリレー（36ページ）」や「円なわリレー（81ページ）」を応用してください。

○**パラバルーンサッカー**……中央に保育者が入り、周りの子どもたちはできるだけ後ろにひっぱりながら、ボールをけり合います。

○**パラバルーンのボールまわし**……パラバルーンの周りを、1～2個のボールを落とさないように送っていきます。ボールが自分の前を通過した直後にパラバルーンを上げていけば、自然にころがっていきます。手を上げたり下ろしたりするだけでなく、「座る→きをつけ」など姿勢の変化でもやってみましょう。

●山に向かって力いっぱい玉を投げよう

お山と遊ぼう！

①活火山の爆発

●準備…パラバルーンの中央に、くぼみをつくります。

●遊び方

①パラバルーンを踏まないようにして、外側から玉を投げ入れます。

②投げ終わったら、みんなでパラバルーンを外側へ一斉に引っ張ります。すると、中央の玉が爆発して飛び出します。

①富士山は日本一（休火山）

●準備物…保育者が図のようなフープと長い棒で作った道具を持ってパラバルーンの中に入って支え、くぼみをつくります。

●遊び方

①口が広く子どもの背丈より高いところに玉を投げ入れますので、玉入れの導入になります。

②子どもたちを数グループに分け、チームごとに色の違う玉を同じ数だけ準備します。早く自分のチームの色の玉を入れ終わったチームの勝ち。

運動会競技種目例

★毎日の保育からの発展を

　仲間と競い合うことは、運動の喜びや楽しみを大きくしたり、運動能力を向上させたりすることに役だちますが、それ自体が目的ではありません。運動会という行事だけのために、数日間練習したり、当日だけ行なったりするのではなく、日ごろの体育あそびの中で十分に主題や動きに慣れ親しんでいることが大切です。

　障害物競走も、あくまでも日常の主題あそびやサーキットあそびの発展と考え、十分にあそびこんだ上で、集団や個人に合った組み合わせをくふうしてください。

ヨーイドン

●いろいろな動きを楽しもう

①タッチリレーに挑戦しよう！

●遊び方

①それぞれのチームごとに、フラッグコーンをスタートと折り返し地点に置きます。

②先頭の子はスターターの合図でスタートし、折り返し地点のフラッグコーンにタッチしたり回ったりしてスタート地点のフラッグコーンに戻り、フラッグコーンの上に手を乗せて待っている次の子にタッチして交代します。

●バトンに使うものの変化や人数の発展を楽しもう

②バトンリレーに挑戦しよう！

（ひとりで）…ひっくりかえした小型のフラッグコーンにボールを乗せて。

★目標物（フラッグコーンなど）にタッチしたり回ったりしてスタートに戻ってきます。

（ふたりで）…ひとりがフープに入って、もうひとりが外側を持ちます。

★目標物にタッチしたり回ったりしてスタートに戻ってきます。

（ふたりで）…フープをなわで運びます。

★目標場所（マットやカゴなど）にフープを置いてから、縄跳び（バトン）を持ってスタートに戻ってきます。

●遊び方…既製のバトンにこだわらずにいろいろなものをバトンにしてみましょう。

●物を運ぶリレー

おみこしレース

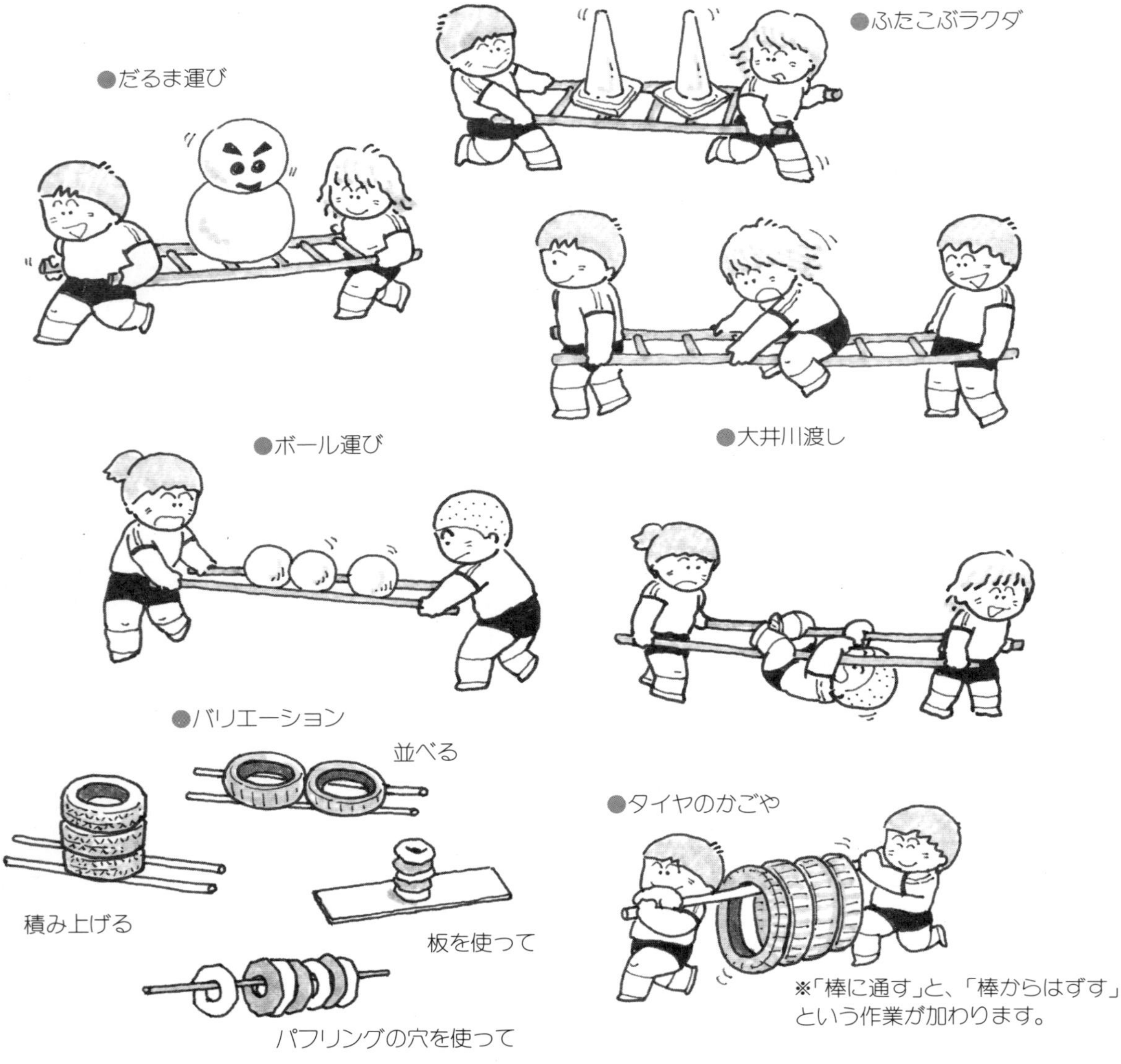
●ふたこぶラクダ
●だるま運び
●大井川渡し
●ボール運び
●バリエーション
並べる
積み上げる
板を使って
パフリングの穴を使って
●タイヤのかごや
※「棒に通す」と、「棒からはずす」
という作業が加わります。

○協力してバランスをうまくとらないと落ちてしまうものを考えましょう。

○コースは、旗(フラッグコーン)を回って戻る往復コースを基本にします。

○はしごを使う場合は、4人1組にしてもよいでしょう。ただし、身長差、能力差などで組み合わせを考慮してください。

●ラクダ競走

はしごの上にフラッグコーンを2本並べて「ふたこぶラクダ」のこぶにします。はしごを2人で持って走り、旗(フラッグコーン)を回って戻ります。次のペアに交代するときは、はしごの向きを変えずにそのまま置くことにします。途中で落としたときは、はしごを下ろし、2人で協力して並べてから走ります。

●自分ひとりでは運べないものを運んでみよう

おみこしワッショイ！

●バトンに使うものの変化や人数の発展を楽しもう

①2～3 人組で運んでみよう

ふたりで棒を２本持ち、
ボールやカラー標識などを
挟んだり、フープを
乗せたりして
落とさないように運びます。

ふたりで布を持ち、
ボールなどを置いて
落とさないように運びます。

３人でフープを持ち、
重なった部分に
ボールをのせて
運びます（年長児）。

※年中児の場合は、
フープ同士をクラフトテープなどで
留めておくとよいでしょう。

●ほかの子どもたちと協力して運ぶことを楽しもう

②4 人以上で運んでみよう

４人組以上でマットなどを持ち、ボールを
落とさないように運びます。

カラー標識と縄４本で運びましょう。

●物を入れたり出したりを交互に繰り返すリレー

出し入れレース

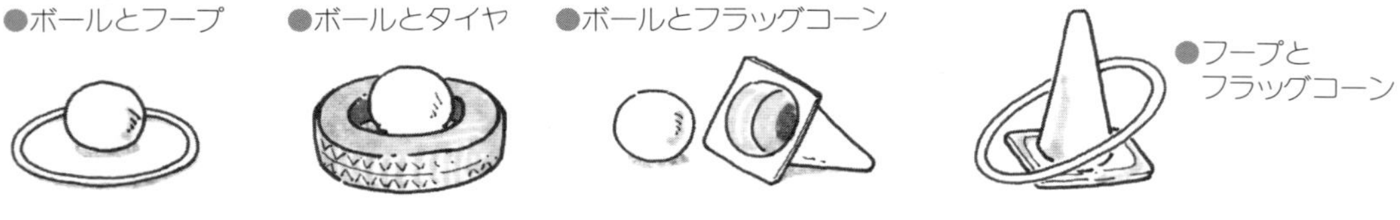

●出し入れ競走を、
「水あそびゲーム」
に応用。

●出し入れ競走から
「2チーム対抗ゲーム」に応用。
（100ページ「七転び八起き」参照）

○ボールとタイヤ、フープとフラッグコーンなどの「出し入れするもの」と「入れ物」の組み合わせを考えます。
○入れる子と出す子を交互に繰り返しながらリレーをしていきます。
○コースは、「片道リレー」「往復リレー」と、年齢などによって使い分けましょう。

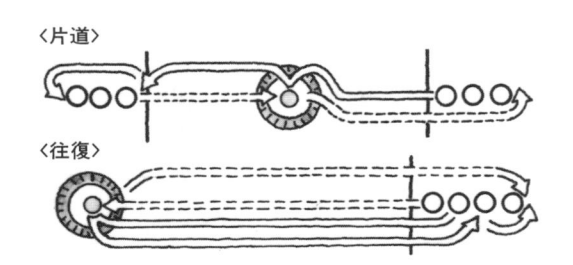

〈片道〉

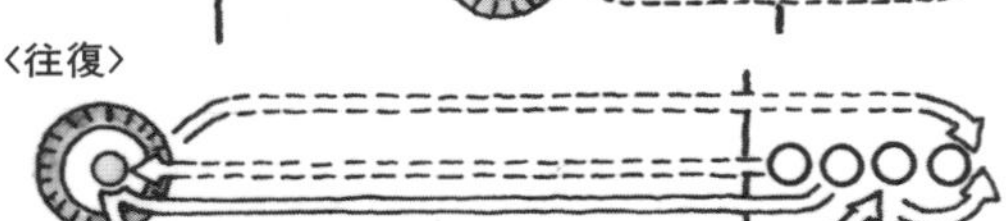

〈往復〉

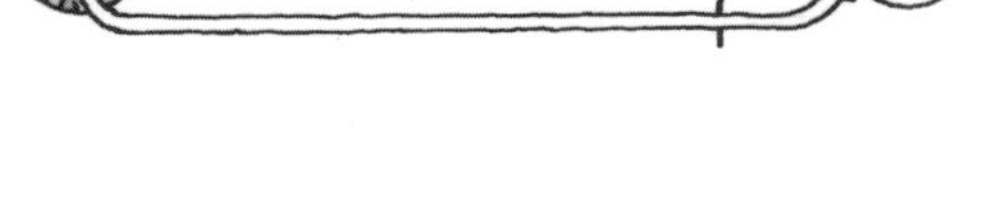

●物を移動させる競争

置き換えレース

●タイヤの置き換えレース

はやくー
あとひとつだ

●置き換えのバリエーション

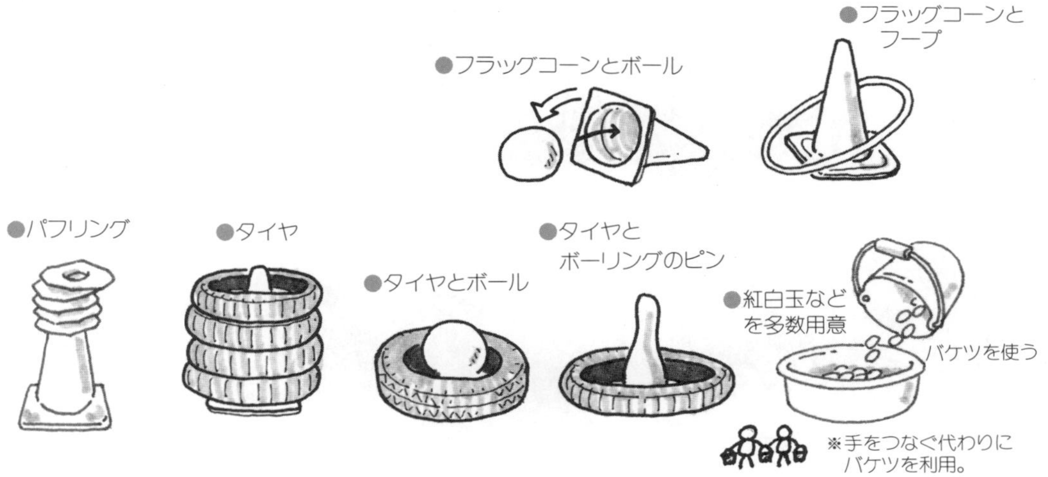
●フラッグコーンとフープ
●フラッグコーンとボール
●パフリング
●タイヤ
●タイヤとボール
●タイヤとボーリングのピン
●紅白玉などを多数用意
バケツを使う
※手をつなぐ代わりにバケツを利用。

○出し入れ競争を発展させて、ポイントからポイントへ物を移動させる競争を考えます。「入れ物」と「出し入れする物」の組み合わせをいろいろと工夫してみましょう。

○「置き換えていく物」は、大きな物１個から、小さな物や積み重ねられるものなどを多数にして発展させましょう。

●タイヤの置き換えレース

２人１組で、フラッグコーンに通して積み重ねたタイヤを、次のフラッグコーンへ移動させていきます。移動し終わったら、次のペアと交代します。タイヤは直径60㎝くらいのバイク用のものがよいでしょう。チームの人数によって、コースは片道にしたり、往復にしたりします。

● 2 人 1 組でコースをつくりながら競争

前進レース

●1本のなわで

●パフリングを使って

●フラッグコーンを使って

●イスを使って

●フープとびで前進

●フープをつないで

●バランス棒を使って

○ 2人1組で、1人がなわやフープでコースをつくり、もう1人がその上を移動していく競走を考えましょう。コースをつくる物によって、移動する動きも変わります。
○フラッグコーンなどで折り返し点をつくり、役割を交代しましょう。
○ペアの人数を増やしてもよいでしょう。

★競技設定上の留意点

○ルールは複雑にしすぎないようにします。
○用具はできるだけ手を入れないで、そのまま使うようにします。
○安全のため、コースはゆったりととり、予想できる危険はとり除きます。
○折り返し点の旗は、フラッグコーンのほうが安全です。

●勝ち残りゲーム種目

陣とりゲーム

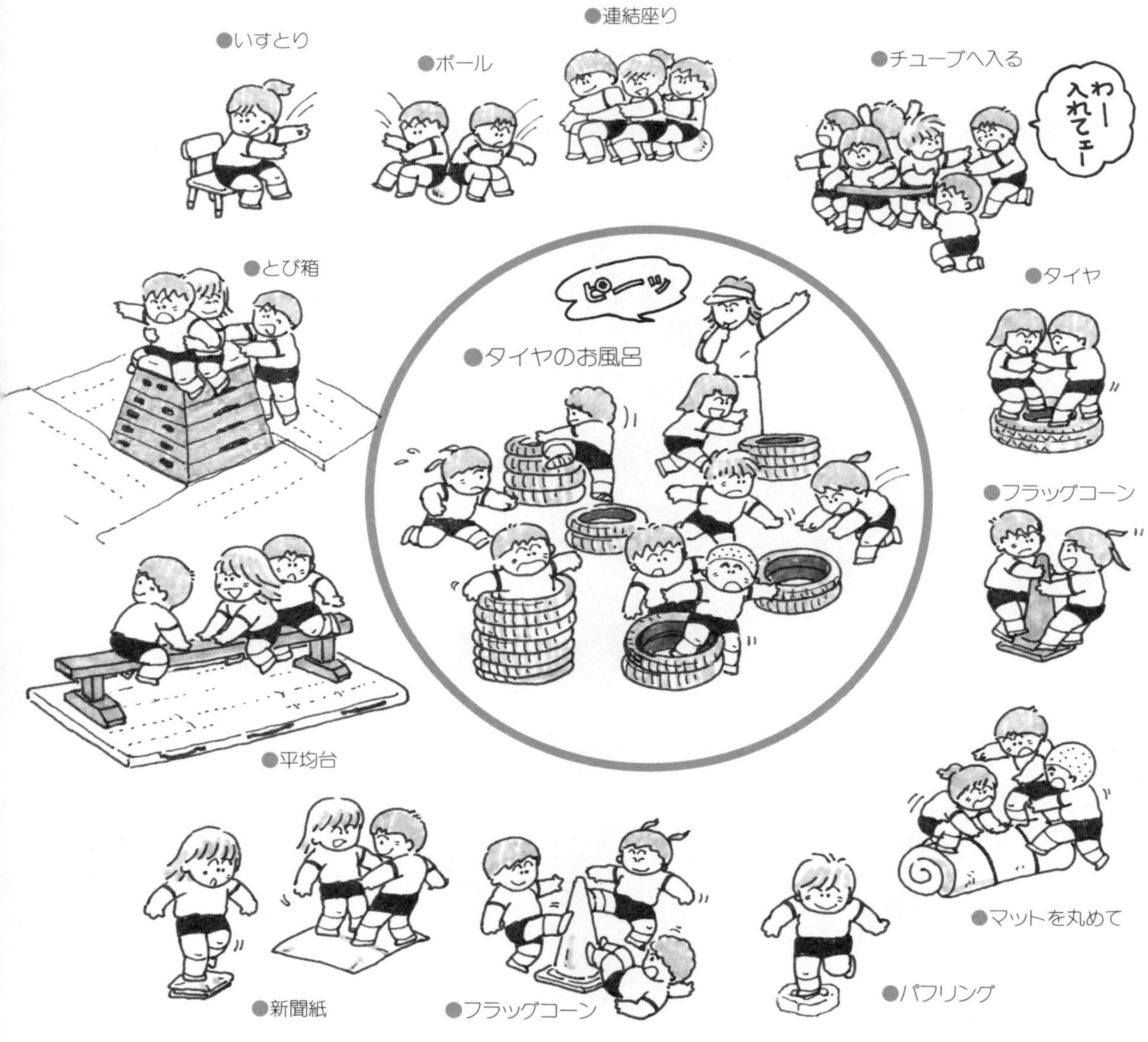
●いすとり
●ボール
●連結座り
●チューブへ入る
わー
入れてェー
●とび箱
ピーッ
●タイヤのお風呂
●タイヤ
●フラッグコーン
●平均台
●マットを丸めて
●新聞紙
●フラッグコーン
●パフリング

○「いすとり」を応用した勝ち残りゲームを考えてみましょう。

○とび箱や平均台などを使えば、広いグランドでダイナミックなあそびができます。ただし、周りにマットを敷くなど安全の配慮を忘れないようにします。

○音楽を使うとより楽しくなります。

● タイヤのお風呂

○タイヤ（直径60㎝くらいのバイク用）を、人数より少なくしてバラバラに並べます。

○音楽に合わせてタイヤの周りを走り、笛の合図でタイヤの中に入って座ります。

○座れなかった子は抜けて、タイヤはだんだん積み重ねていきます。後になるほど高くなるタイヤを倒さないように入ります。

●グラウンドで展開するダイナミックなゲーム

ボーリングゲーム

●タイヤボーリング

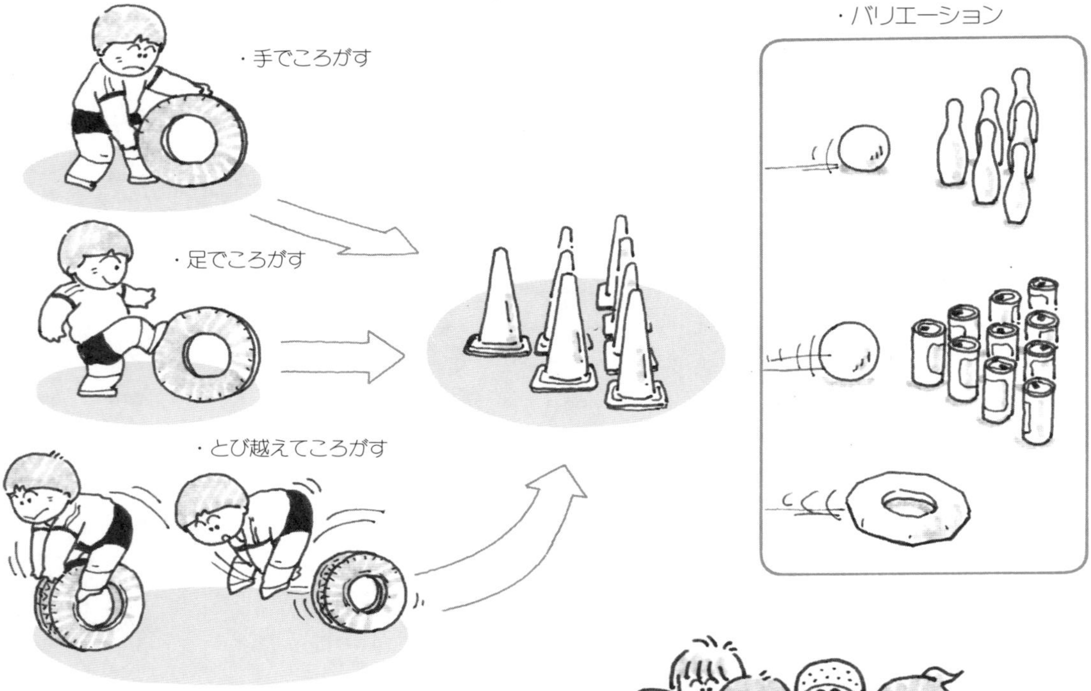
・手でころがす
・足でころがす
・とび越えてころがす
・バリエーション

ゴロゴロ
ガゴーン

●人間ボーリング

○タイヤとフラッグコーンを使って、戸外であそぶダイナミックなボーリングゲームをしてみましょう。タイヤあそび(88ページ)を応用して、いろいろなころがし方をくふうしてみましょう。

○人間がピンになった「人間ボーリング」もアトラクションとして楽しいでしょう。

★競技指導上の留意点

○幼児といえども、ルール違反に対しては強く臨み、場合によっては、やり直させます。

○勝敗の判定は、できるだけ子どもたちに聞いてしましょう。

○親子の競技では主体を子どもに考え、親のスピードを争う競技は避けます。

○十分に準備体操をしましょう。

●物を積み重ねて何かを完成していくリレー

タワーリングリレー

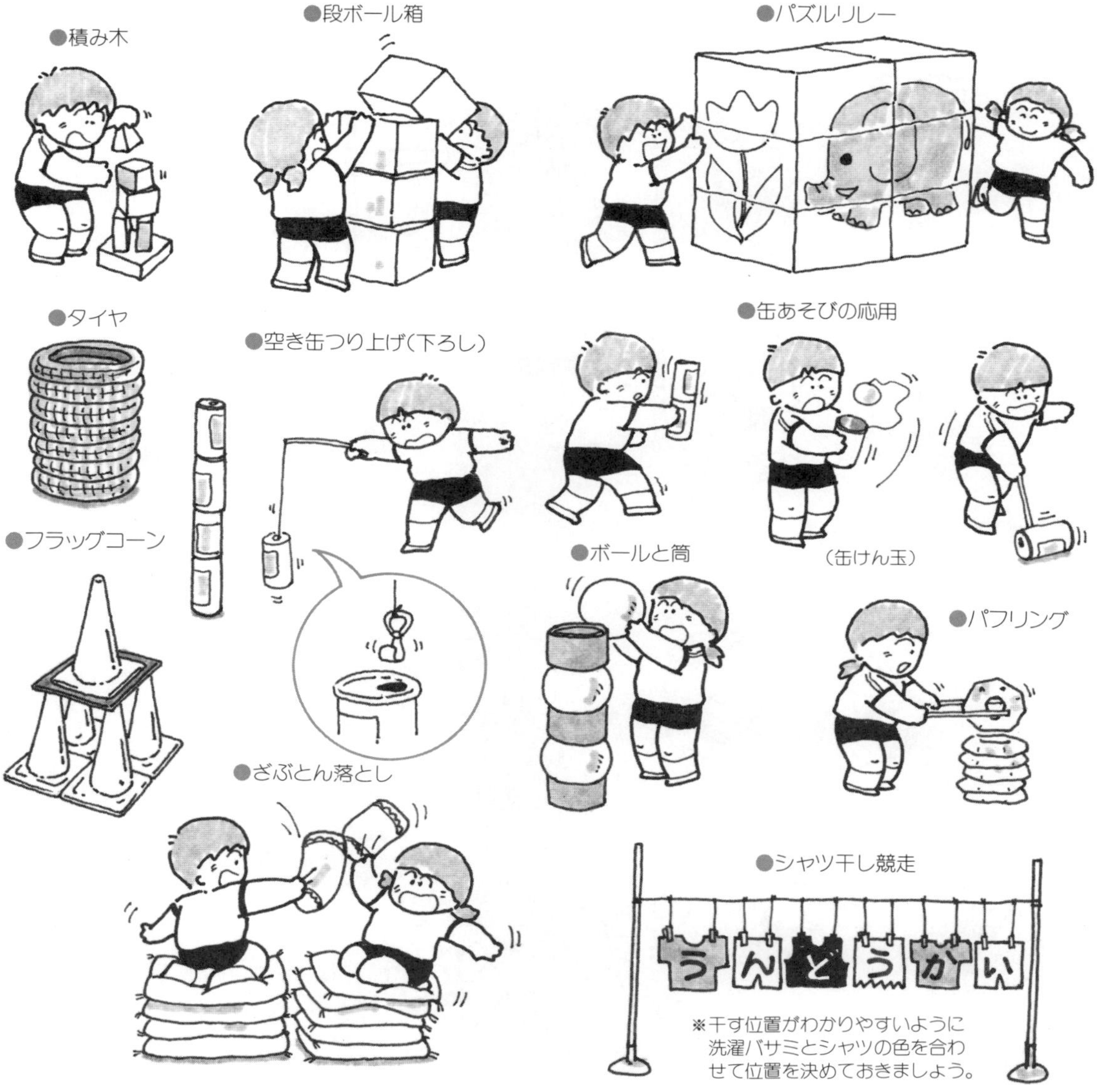
●積み木
●段ボール箱
●パズルリレー
●タイヤ
●空き缶つり上げ(下ろし)
●缶あそびの応用
●フラッグコーン
●ボールと筒
(缶けん玉)
●パフリング
●ざぶとん落とし
●シャツ干し競走
うんどうかい
※干す位置がわかりやすいように
洗濯バサミとシャツの色を合わ
せて位置を決めておきましょう。

○積み木や段ボール箱を持ってリレーをして、塔などを完成させる競走を考えましょう。

○段ボール箱を数個組み合わせて絵を描き、1個ずつ運んで元どおりに完成させるようにすると「パズルリレー」になります。早く積み上げるだけでなく、最後に絵柄がきちんと完成していなければなりません。

○丸いボールも、筒と組み合わせると積み上げることができます。多少不安定なところが、よりおもしろさを増します。

○縦に積み重ねるだけでなく、横方向への展開も考えてみましょう。「シャツ干し競走」のシャツに文字や絵を描いたりするなど、楽しい演出法を考えてみましょう。

●紅白玉入れのバリエーション

玉入れ競争

●高さ調節式
●シーソー式
●段違い式
●トンネル・ボール入れ
●追いかけ玉入れ
※かごに触らない
約束をします。
まてー
※倒れないように保育者か保護者が支えます。
●ブクブク人間
●フラッグコーンを使った
追いかけ玉入れ

○紅白玉入れのかごは、年齢や運動能力に合わせて高さを調節します。シーソー式は、競技中にどちらが優勢か一目でわかります。段違い式は、投げる力に合わせてねらうことができます。

○２チームに分かれて、鬼ごっこ形式の対抗戦にしてもおもしろいでしょう。

●トンネル・ボール入れ

サーキットあそびなどで使う「トンネル」を２本の棒で立て、ボールを入れるかごにします。トンネルの長さは、子どもに合わせて調節します。年齢の低い子どもには、斜めにして背を伸ばしてほうりこめるようにします。投げ入れたボールを下から取り出して、次の子に交代するリレーにしてもよいでしょう。

●失敗してもほのぼのとした気分になれる遊びはいかが

みんなスポーツ大好き！

●揺れているボールに当たらないように通り抜けを楽しもう

①ゆらゆら林を通り抜けよう

①保育者がふたりでビーチボールなどの軽いボールをネットに入れてなわでつり下げた棒を持ち、揺らします。

②子どもたちはボールの動きを読み取り、通り抜けるタイミングを測ってすばやく判断し、反対側まで駆け抜けます。

③慣れてきたら、ボールの数を増やしていきましょう。

●スポーツの動きを楽しみ、個人の技術を発表しよう

②プロスポーツ選手をめざそう！

Jリーガー

○つり下げた低めのボールに向かってひとりずつ走って行き、キックして通り抜けます。

Vリーガー

○つり下げた高めのボールに向かってひとりずつ走って行き、ジャンプしてアタックし、通り抜けます。

☆ ①･②どちらも一定時間にボールが何回棒を回るかを数えて競います。

※保育者は棒を回して、ボールが回るのを手助けします。

●体育あそびを発展させた楽しい運動会競技種目

運動会競技ヒット種目

※低年齢児のプログラムのときは、ボールの代わりに鳴り物を入れ、クラフトテープでとめておきます。

●カプセル運び

※落としたら、落とした地点から再スタート。

●袋ウサギVS箱ガメ競走

※Uターンは難しいので、図のように交互にバトンタッチします。

● カプセル運び

○ 2人1組のペアで2個のフラッグコーンを合わせて、中に入れたボールを落とさないようにして走ります。

○ 旗(フラッグコーン)を回って戻り、次のペアにバトンタッチしていきます。

○ 途中で落としたら、すぐに拾って中に入れ落とした地点から再スタートします。

● 袋ウサギVS箱ガメ競走

○「袋ウサギ」は、米袋や麻袋などのじょうぶな袋に両足を入れて、とんで進みます。

○「箱ガメ」は、大型段ボール箱をキャタピラーにして、ハイハイで進みます。

○ どちらもだいたい同じ速度になるので、「袋ウサギチーム」と「箱ガメチーム」に分けて、対抗戦にしてもおもしろいでしょう。

●ドーナッツ・オーエス

※早く勝負がついた子どもは、他のグループを手伝いにいきましょう。

●親子タイヤ引きリレー

※旗（フラッグコーン）を回ったら、交代します。

●ドーナッツ・オーエス

○図のように２本のロープを結んだタイヤを数本用意します。

○２チームの陣地の中央に線を引き、その上にタイヤを並べます。

○「ヨーイ・ドン」で、ロープを持って引き合い、タイヤをたくさん自分たちの陣地に引きこんだチームが勝ちです。

●親子タイヤ引きリレー

○親子でペアを組んだチームをつくります。

○ロープをつけたタイヤとボールを、各チーム１個ずつ用意します。

○行きは、タイヤの上にボールを持った子どもを乗せ、親が引っぱります。

○帰りは、タイヤの中にボールを入れて子どもが引っぱり、こぼれたら親が拾います。

●障害物リレーのユニットの組み合わせ方と使い方の例

障害物の組み合わせ方

〔例1〕●1人の場合

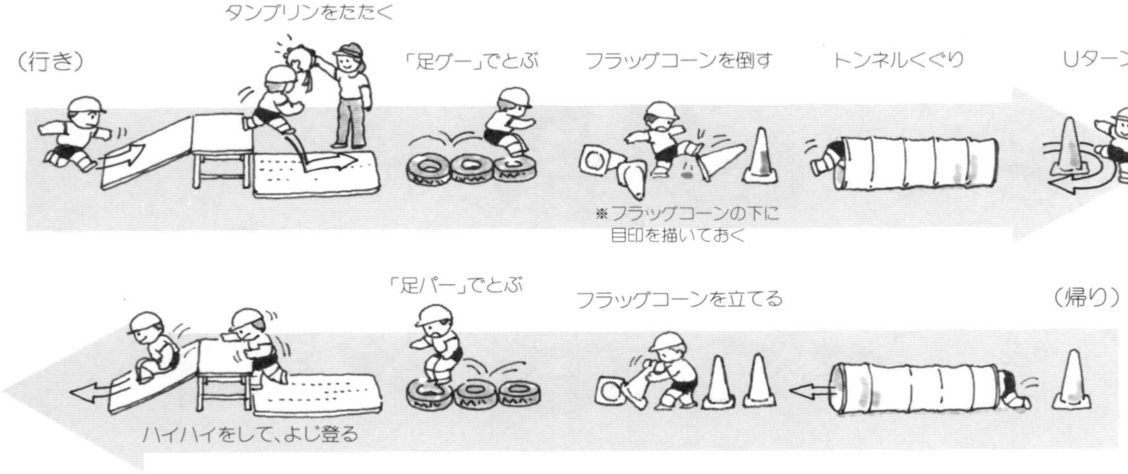

タンブリンをたたく
（行き）
「足グー」でとぶ
フラッグコーンを倒す
トンネルくぐり
Uターン
※フラッグコーンの下に
目印を描いておく
「足パー」でとぶ
フラッグコーンを立てる
（帰り）
ハイハイをして、よじ登る

〔例2〕●2人組（ペア）の場合

（行き）
またぎ越す
くぐる
Uターン
ハイハイで進む
端まで行ったら、回転させて前へ
またぐ
（帰り）
渡る
手をつないで「おイモごろごろ」
（フープはつないである）

〔例1〕● 1人の場合

○**行き**……坂を登り、タンブリンをたたいてとび下ります。タイヤは「足グー」でとび、フラッグコーンを倒していき、トンネルをくぐって、Uターンします。

○**帰り**……行きに倒したフラッグコーンを立て直し、タイヤは「足パー」でとびます。マットをハイハイして台をよじ登ります。

〔例2〕● 2人組（ペア）の場合

○**行き**……平均台はまたいで越し、マットの上をハイハイで進みます。フープをとんで端まで行ったら回転させて前方にコースをつくります。はしごは、立ててくぐります。

○**帰り**……はしごはまたぎ、フープは行きと別の子がとびます。マットの上をころがり、平均台の上を落ちないように渡ります。

※同じような動きが重ならないようにくふうしながら、いろいろな組み合わせを考えてください。
あくまでもサーキットあそびなど日常のあそびの経験の積み重ねの上で、設定を考えましょう。

〔例3〕●ペアでボールをバトン代わりに

(行き)
タイヤに入れてころがす
胸と胸にはさんでカニ歩き
交互にパスする
ゴールに入れてUターン
(帰り)
バーディでドリブル
けってくぐらせる
タイヤに入れて
足でころがす

〔例4〕●親子のペアで

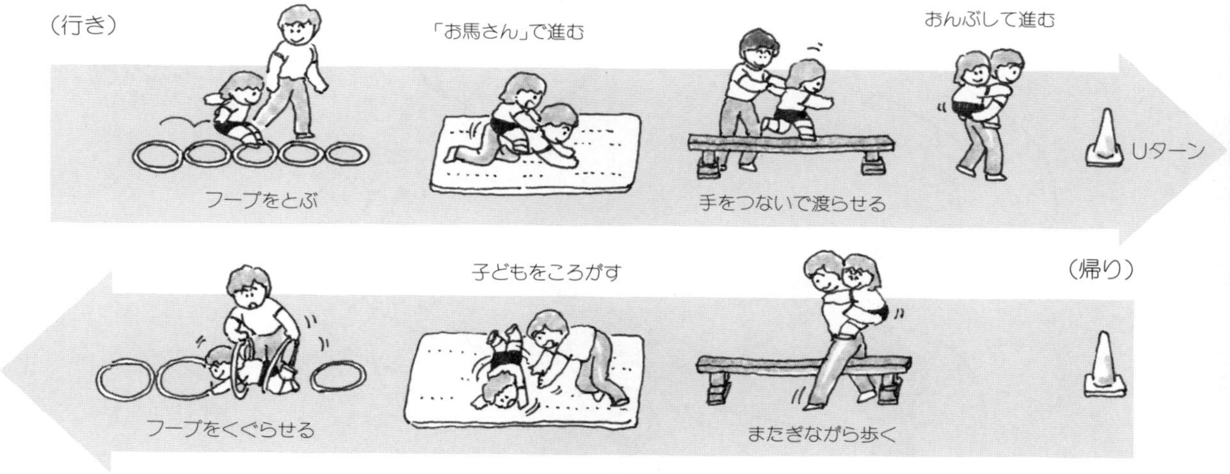
(行き)
フープをとぶ
「お馬さん」で進む
手をつないで渡らせる
おんぶして進む
Uターン
(帰り)
またぎながら歩く
子どもをころがす
フープをくぐらせる

〔例3〕●ペアでボールをバトン代わりに

○**行き**……タイヤの中にボールを入れ、手でころがします。ボールを胸と胸の間にはさんで走り、平均台の上では交互にパスをして進みます。ゴールに入れてUターン。

○**帰り**……バーディでドリブルをして進み、平均台の下をくぐらせてパスをします。今度はタイヤを足でころがして戻ります。

〔例4〕●親子のペアで

○**行き**……フープを子どもがとんでいき、マットの上は「お馬さん」で進みます。手をつないで平均台を渡らせたら、子どもをおんぶしてUターンします。

○**帰り**……子どもをおんぶしたまま平均台をまたいで歩き、マットの上で子どもをころがします。フープは立ててくぐらせます。

●立体的な障害物リレーコースの組み方

8の字リレー

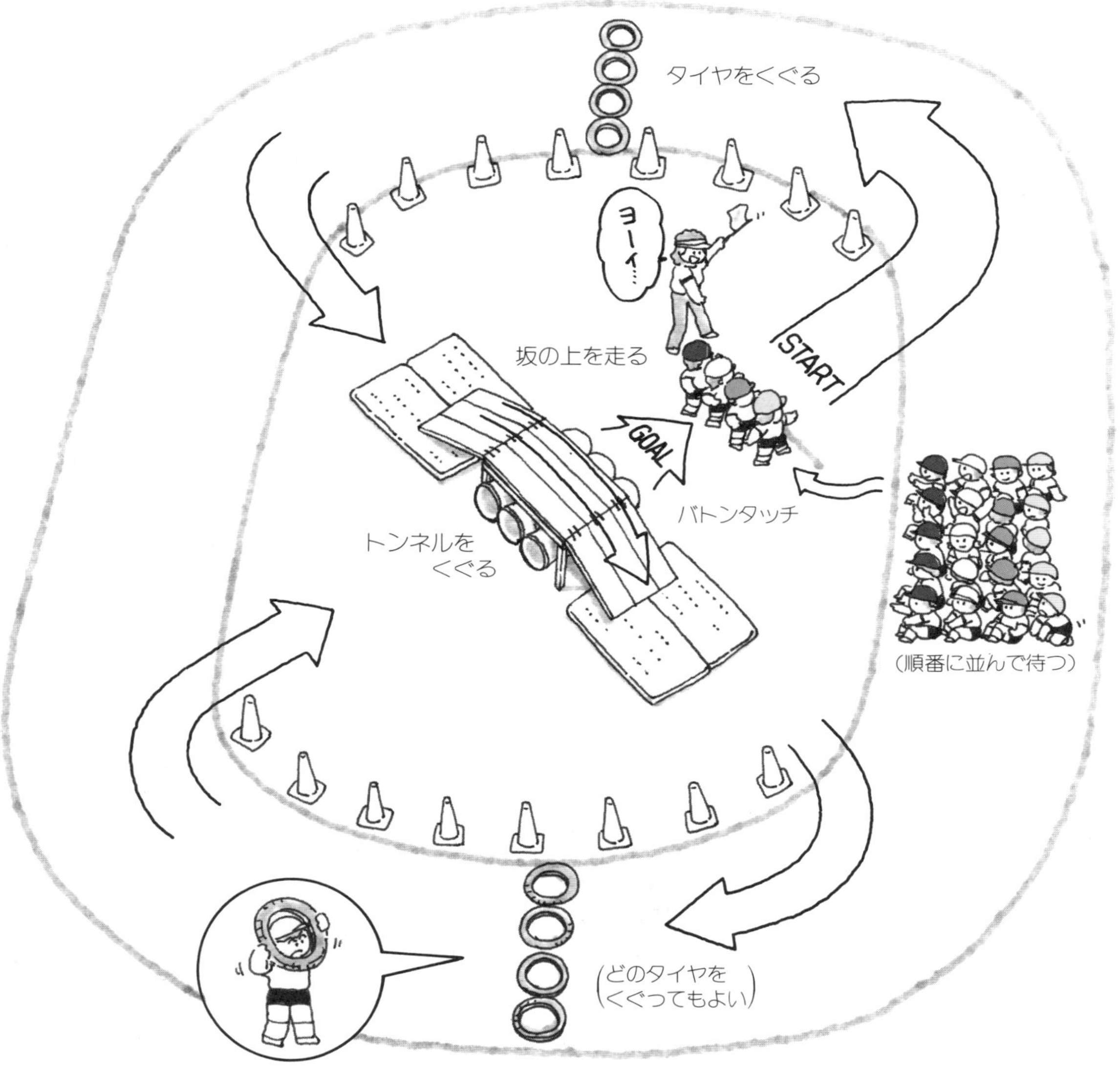
タイヤをくぐる
ヨーイ…
START
坂の上を走る
GOAL
バトンタッチ
トンネルを
くぐる
(順番に並んで待つ)
(どのタイヤを
くぐってもよい)

○中央に交差するポイントを持つ「8の字」の障害物コースをつくってみましょう。

○交差する箇所は、子どもたちがぶつからないよう、必ず立体的な交差にします。

○バトンは、たすきや帽子など、手を自由に使えてじゃまにならないものにします。

○並んでいる子は、同じチームの前の子がスタートしてから、スタート地点に出ます。

○コースの目印には、フラッグコーンを置くと安全で、わかりやすくなります。

○タイヤは、上からくぐっても、下からくぐってもよいことにしましょう。

●フィールドも利用して、グラウンドいっぱいに使った障害物リレー

長距離障害物競走

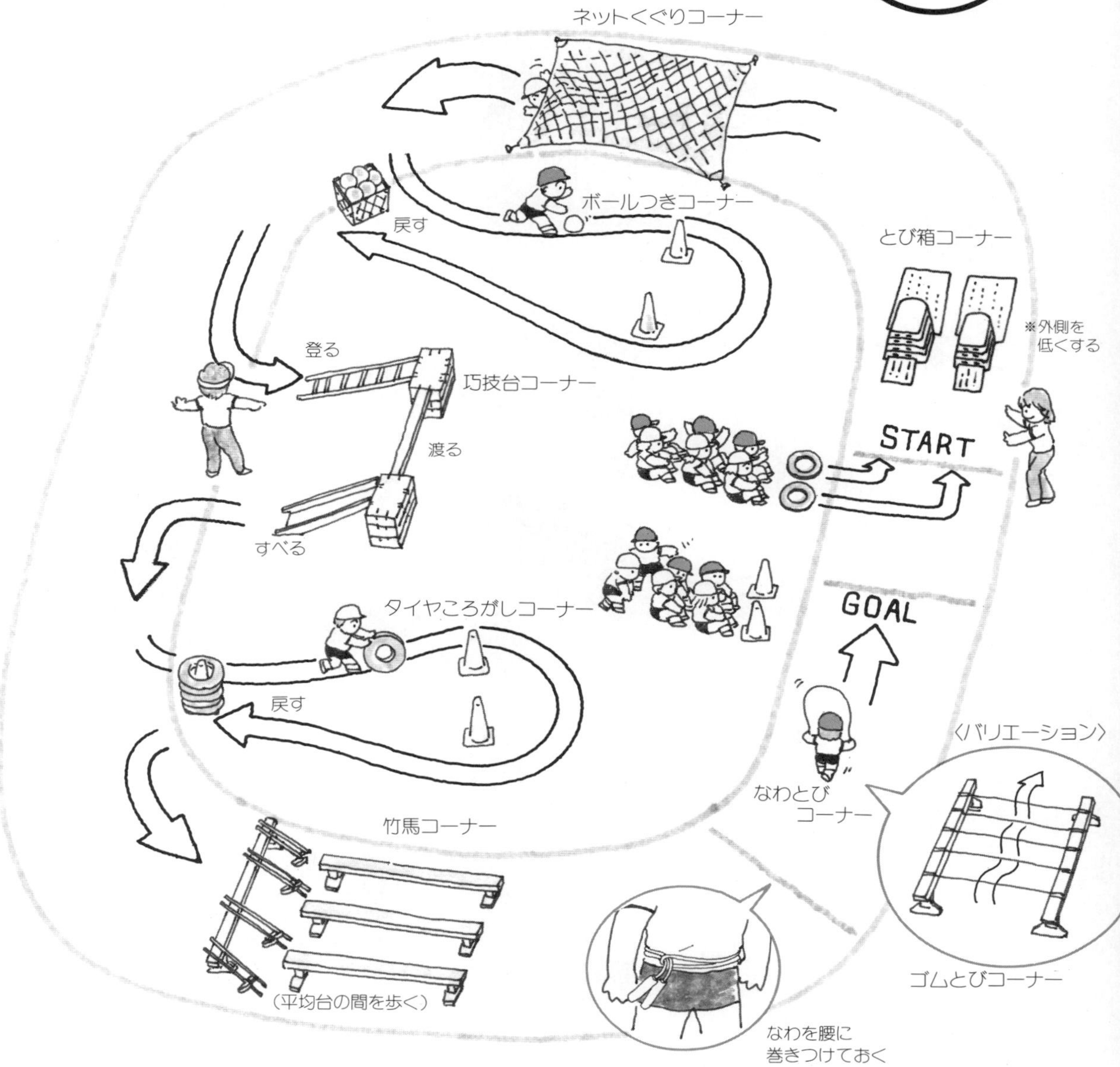
ネットくぐりコーナー
ボールつきコーナー
戻す
とび箱コーナー
※外側を低くする
登る
巧技台コーナー
渡る
すべる
START
タイヤころがしコーナー
GOAL
戻す
〈バリエーション〉
なわとび
コーナー
竹馬コーナー
ゴムとびコーナー
（平均台の間を歩く）
なわを腰に
巻きつけておく

○順番を待つ子はタイヤの後ろに並び、次に出る子はタイヤの中に立って待ちます。
○ゴールしてバトンタッチをした子は、フラッグコーンの後ろに並びます。
○ボールやタイヤは、必ず元の場所に戻してから、次のコーナーへ進みます。
○竹馬で平均台の間のコースを端まで歩けたら、元の場所に戻してから次へ進みます。
○なわとびコーナーで使うなわは、あらかじめ腰に巻いておきましょう。
○竹馬やなわとびが難しければ、「ゴムとびコーナー」に替えてもよいでしょう。

●移動のしかたを工夫しよう

ハイハイ＆歩くあそびから生まれた種目

トンネル
平均台
マット
タイヤの山
ロボットで歩く
ブルドーザーでハイハイする
段ボール

3歳未満児の場合は、トンネルや平均台などをくぐらせることにより、ハイハイの動作へと誘導したり、マットやタイヤなどを不安定な状態にして、歩かせたり走らせたりしていきましょう。

運動会では、ただ歩いたり、走ったりするのではなく、絵画製作との結びつきを考え、作ったものを身に付けたり、障害物として置いたりし、歩走の方法やコースの変化を考えていきます。

●バトンリレーのしかたを工夫しよう

走るあそびから生まれた種目

（走り方）

①ヨチヨチ走り・アヒル跳び

②ボール転がし・ドリブル

③なわのしっぽ・なわ跳び

（コースの取り方）

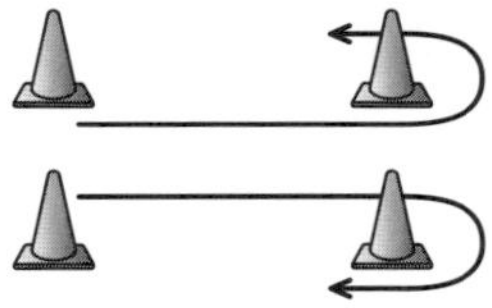

① 2 チームの場合

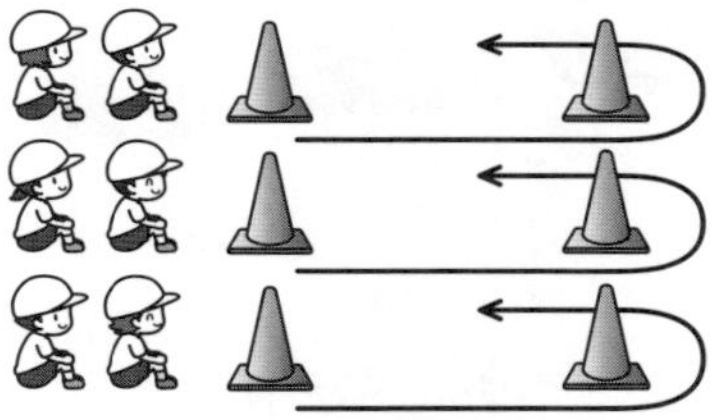

② 3 チームの場合

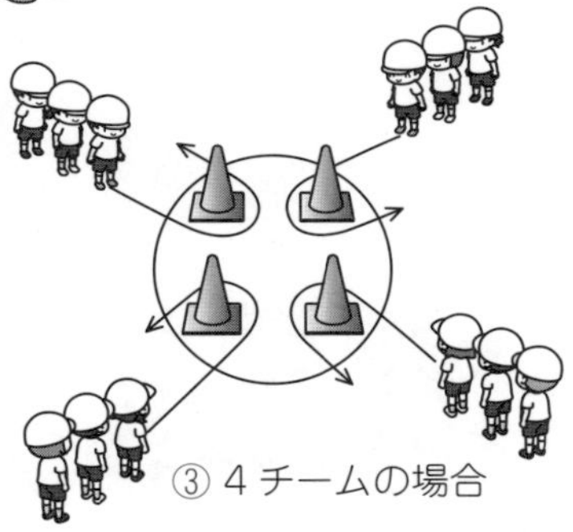

③ 4 チームの場合

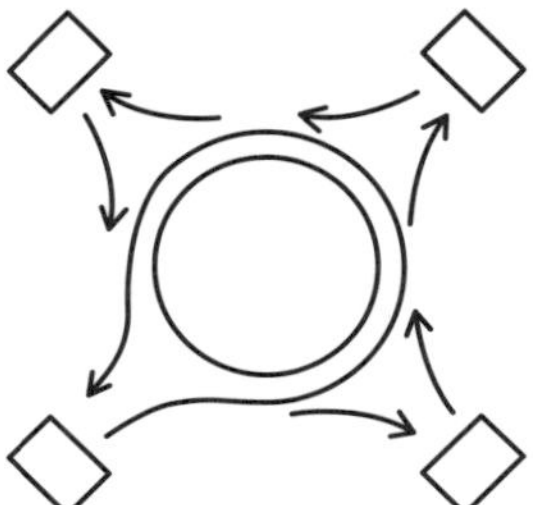

④ ロータリー式

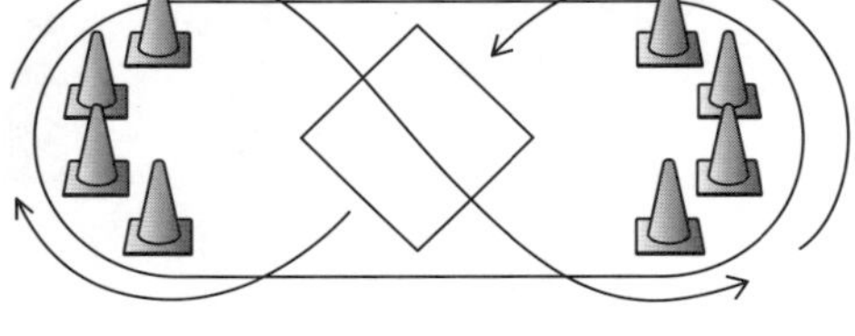

⑤ 8 の字式

年中児以上になると、競争意識が芽生えてきます。年中児までは、できるだけ待つ時間を少なくするため、グループごとで、全員が一斉に移動するような競争にしましょう。年長児の場合は、コース上の変化をつけ、トラックの型やバトン（段ボールなどで作ったアヒルなどを、走るときに足に挟んでもよい）の手渡し方にも工夫します。さらに、バトンをボールやなわに変えることにより、走りながらボールを操作したり、なわ跳びなどをしながらコースを回ってくる課題へと発展させていきます。

●設定・あとかたづけを工夫する

跳ぶ&くぐるあそびから生まれた種目

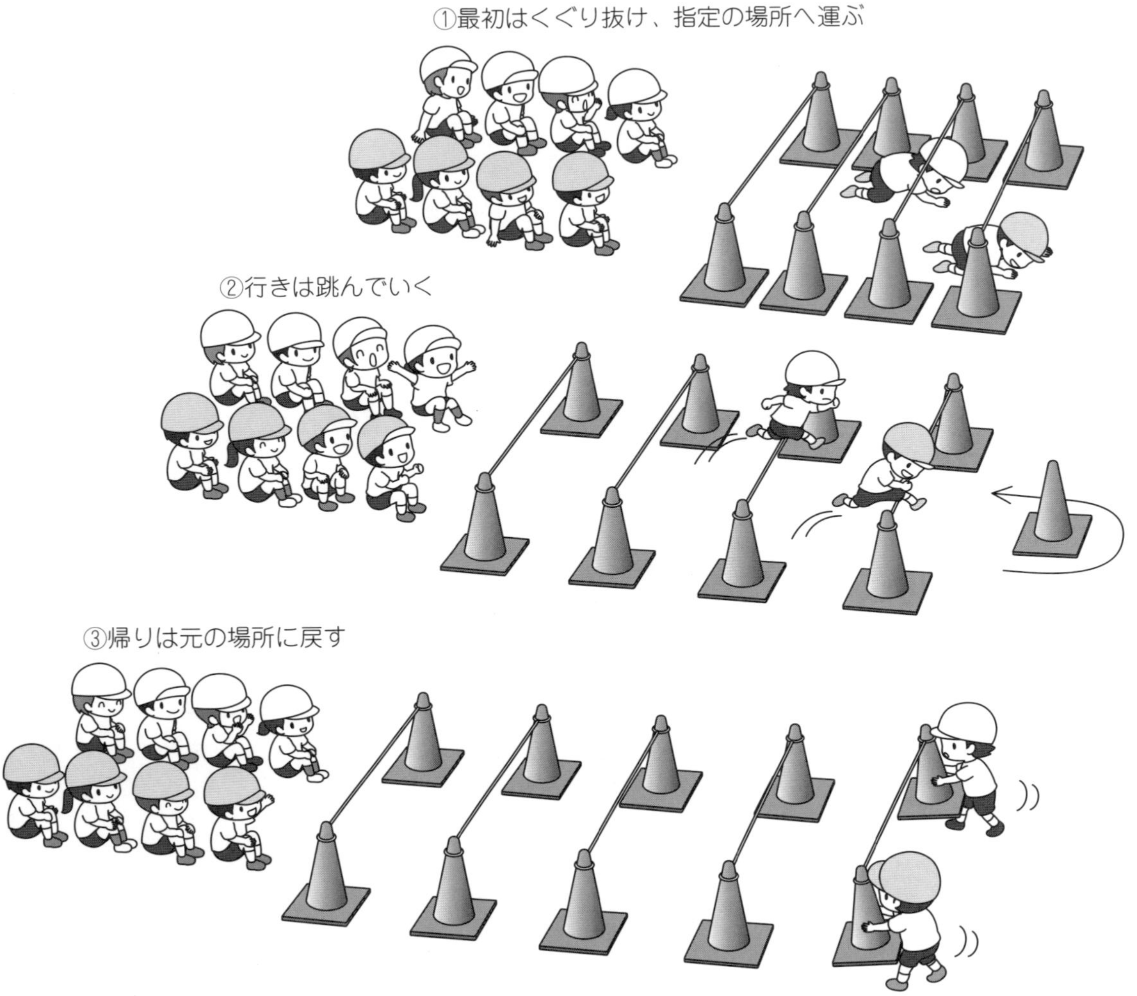
①最初はくぐり抜け、指定の場所へ運ぶ
②行きは跳んでいく
③帰りは元の場所に戻す

2 本のフラッグコーンに、平ゴムを張り、行きは跳んでいき、帰りはくぐってくる、あるいは跳んでくぐってを繰り返しながら、競争します。

年長児の場合、2 人組で協力し、設定やあとかだづけをしながら、グループ対抗で競争していきます。2 組ずつ 4〜5 列に並べたフラッグコーンの下をくぐり、指定の場所に並べてから跳んでいき、帰りは元の場所に戻し、次の組と交代しましょう。

●落とさないような運び方を工夫する

運ぶあそびから生まれた種目

棒とフラッグコーン（ひとりの場合）

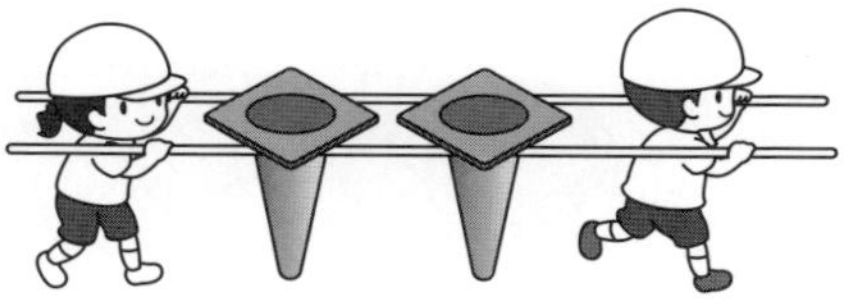

棒とフラッグコーン（2 人の場合）

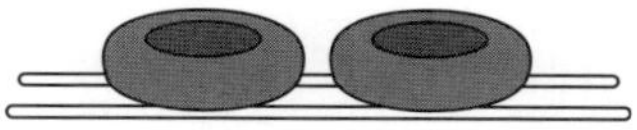

棒とタイヤ

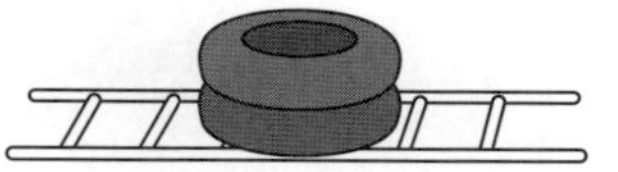

はしごとタイヤ

板とリングバトン
（小さいフープでも可）

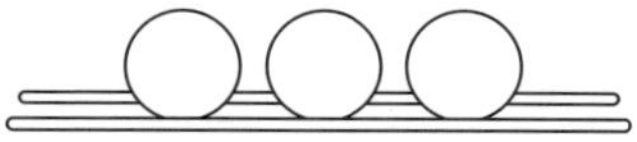

棒とボール

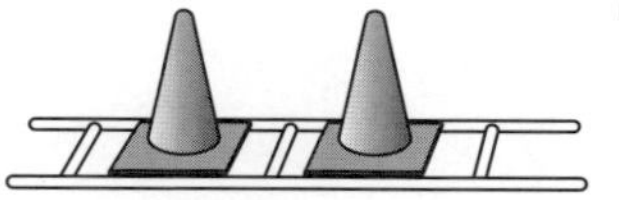

はしごとフラッグコーン

棒とパフリング（1 人の場合）

棒とパフリング（2 人の場合）

布とボール（4 人の場合）

ダルマみこし（4 人の場合）

はしごの上に、フラッグコーンやタイヤなどをのせ、落とさないように運びます。はしごの代わりに 2 本の棒を使い、ボールを数個乗せたり、フラッグコーンを逆さにし、棒に引っかけて肩にかついで運びます。ひとりのときは、フラッグコーンやパフリングに棒を突き刺して肩にかつぎ、4 人のときは、大きな布の四隅を持ち、ボールを落とさないように運びます。ほかにも、板と棒で作った（みこし）に、ダルマを乗せたり、細長い板にパフリングやリングバトン（P.137 参照）を重ねたりして、運び方を工夫しましょう。

●じょうずな転がし方を工夫する

転がすあそびから生まれた種目

フラッグコーンとボール
棒とボール
なわとフラッグコーン
なわとボール
スティックとボール

2人組になり、それぞれがフラッグコーンを1個ずつ持ち、1個のボールを協力して転がしていきます。また、1本の棒か、なわの両端を持ち、1個のボールを協力して転がしていきます。（1本の棒を2人が棒をそれぞれ持って転がしてもよい）ボールの代わりに、フラッグコーンを倒さないように、なわを引っかけて進んでいったり、段ボールなどで作ったスティックを1本ずつ持ち、ボールや卵を転がしていきます。（2人の場合は手をつないで離さないようにしてスティックで打ちましょう。1人でもできるか挑戦しましょう）

●いろいろな重ね方を工夫する

重ねるあそびから生まれた種目

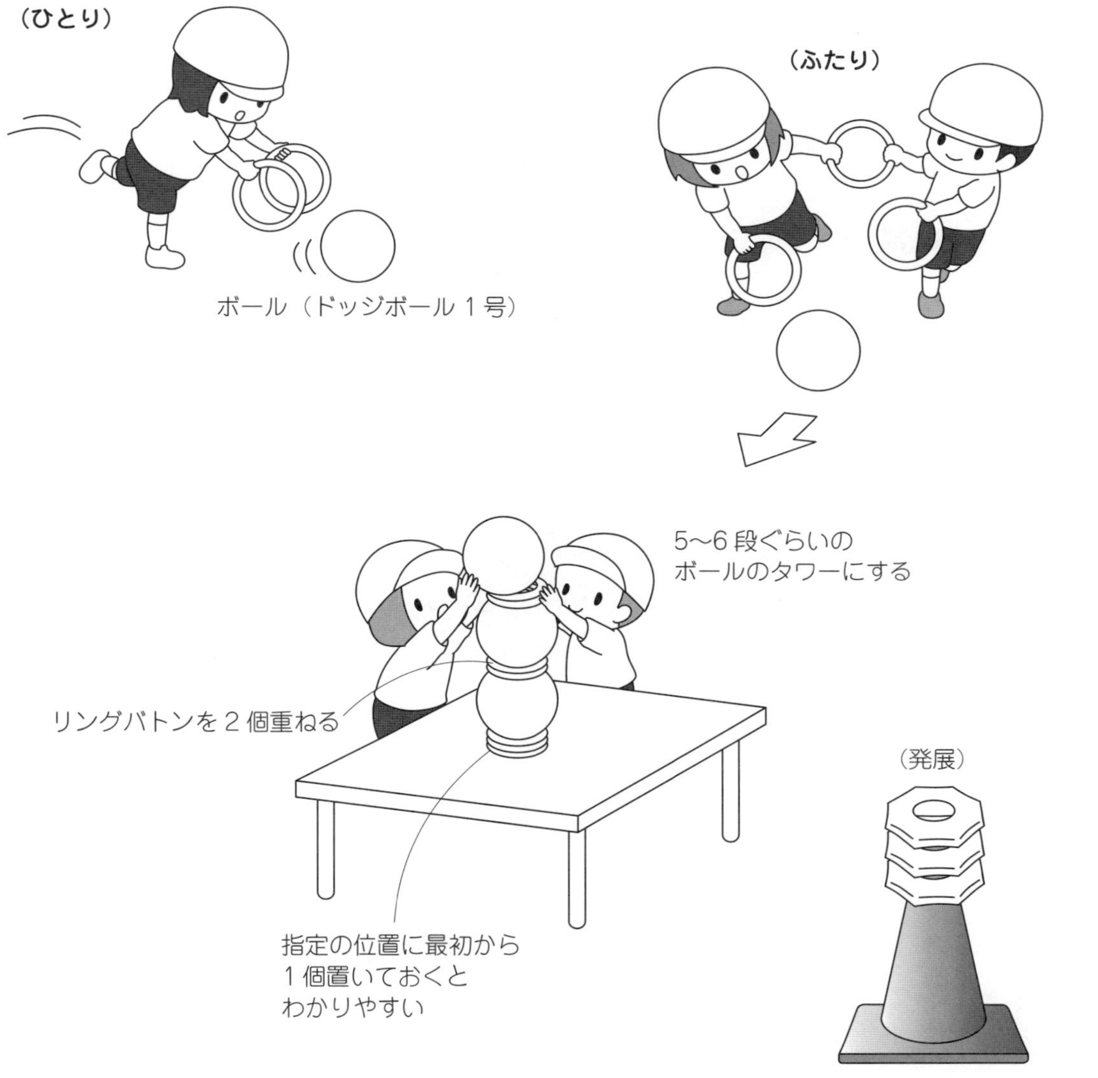
（ひとり）
ボール（ドッジボール 1 号）
（ふたり）
5〜6 段ぐらいの
ボールのタワーにする
リングバトンを 2 個重ねる
指定の位置に最初から
1 個置いておくと
わかりやすい
（発展）

リングバトンを 2 個持ち、1 個のボールを挟んだり、転がしたりして、指定の場所までいきます。2 人の場合は、2 個ずつ持つか、あるいは手をつなぐ代わりにリングバトンを中央で持ち、外側の手に持ったリングバトンで、ボールを操作します。指定された場所まできたら、プレイリングを 2 個ずつ重ね、間にボールをはさんでいき、5〜6 段のタワーをつくります。

帰りは、2 人で手をつないで走り、次の組と交代します。フラッグコーンとパフリングでもかまいません。パフリングの場合は、1 人ずつ持ったり、けったりしながら指定の場所へ行けばよいです。

●目標に入れる方法を工夫する

入れるあそびから生まれた種目

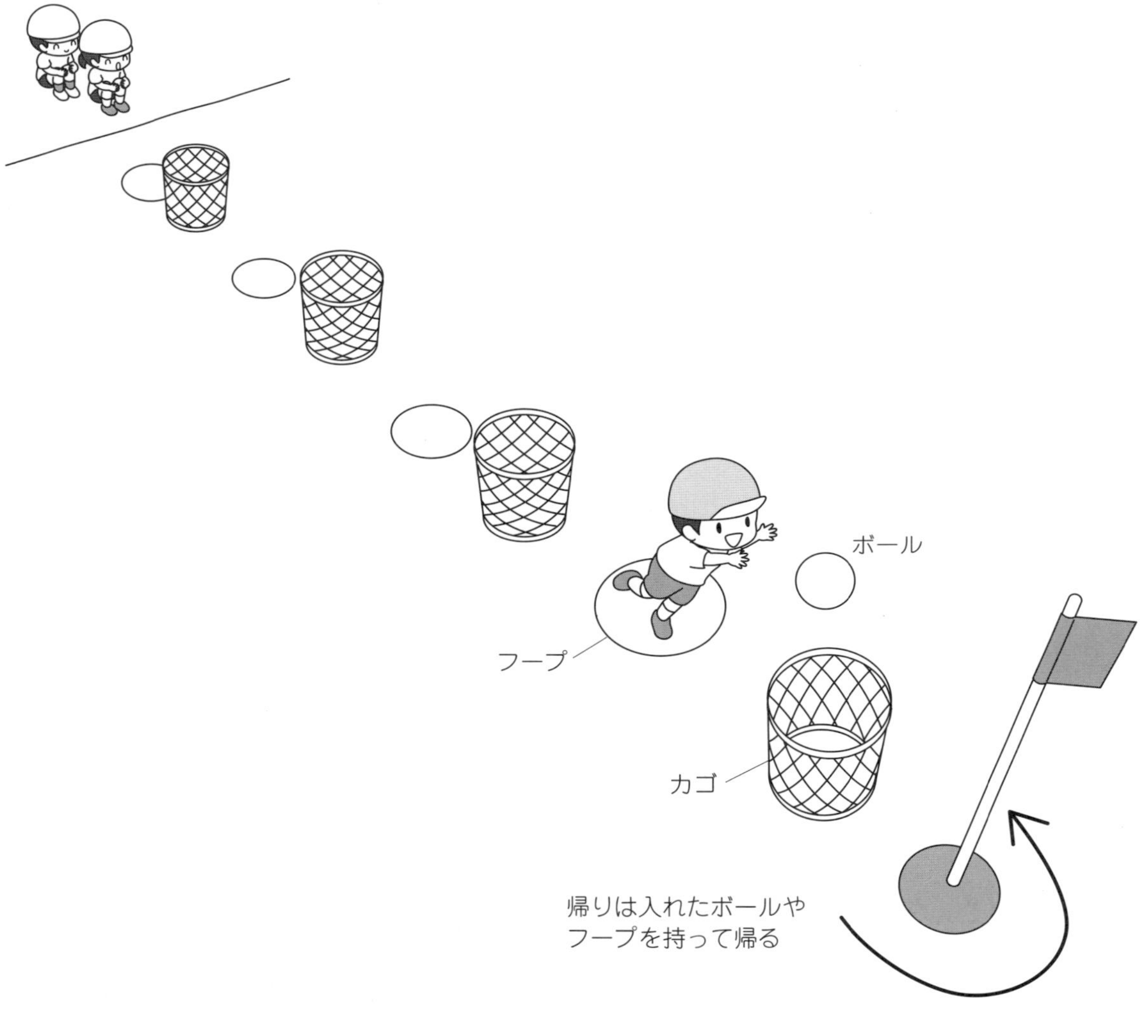
ボール
フープ
カゴ
帰りは入れたボールや
フープを持って帰る

指定された 4～5 か所の位置に、カゴやタイヤなどを置き、離れた位置（フープやタイヤを置く）から、ボールやパフリングを投げ入れます。中に入らなければ、拾ってきて、成功するまでやり直します。全部入ったら旗を回り、帰りには、すべてを持ってきて、次の子に手渡して交代していきます。2 人組で協力してもいいでしょう。

フラッグコーンにリングバトンを輪投げの要領で入れたり、マジックテープを付けた布に、フェルト地の玉を、的当ての要領でくっつけたりしてもかまいません。

●じゃんけんを利用しての取り合い方を工夫する

追いかける&逃げるあそびから生まれた種目

じゃんけんポン
まけた〜
にげろー
とった！
しまった！
とられた

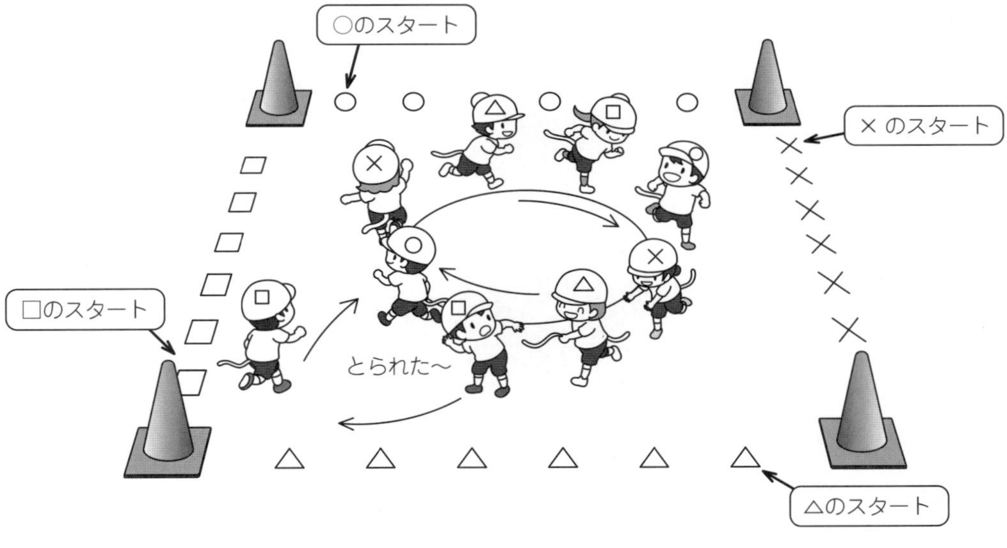
○のスタート
×のスタート
□のスタート
とられた〜
△のスタート

2チームに分かれ、5〜8名ずつ向かい合ってならびます。ほぼ中央で相手チームの子とぶつかり、じゃんけんをします。勝った子は負けた子のしっぽを取りにいき、負けた子は自分の陣地へ取られないように逃げます。(しっぽの代わりに帽子でもよい)

全部取られてしまったチームが負けになるか、時間を決め、しっぽの残っている子が多いチームの勝ちにします。(慣れてくると、しっぽを取った子は自分のチームの取られた子に、しっぽをあげてもかまいません)

発展として、中央に円形のロータリーをつくり、4方向から各チーム同人数(1〜3名)が同じ方向に走り、前の子のしっぽを取っていきます。

●得点や勝敗がわかるように工夫する

倒すあそびから生まれた種目

円の中に入って
ボールを当てない

（発展）

2〜4チームに分かれ、ばらばらに描いた円形の中の、指定された色別のフラッグコーンを、散らばっているボールを拾って、円の外から当てて倒します。自分のチームと同じ色のフラッグコーンを全部倒したら、そのチームの勝ちとします。時間を決めて、倒した数の多いチームの勝ちにしてもかまいません。

投げて当てる代わりに、手を使わないで、足でけって倒したり、色違いの鈴を作り、小さな玉で当てて鈴を割ってもかまいません。

●グループでの協力のしかたを工夫する

協力するあそびから生まれた種目

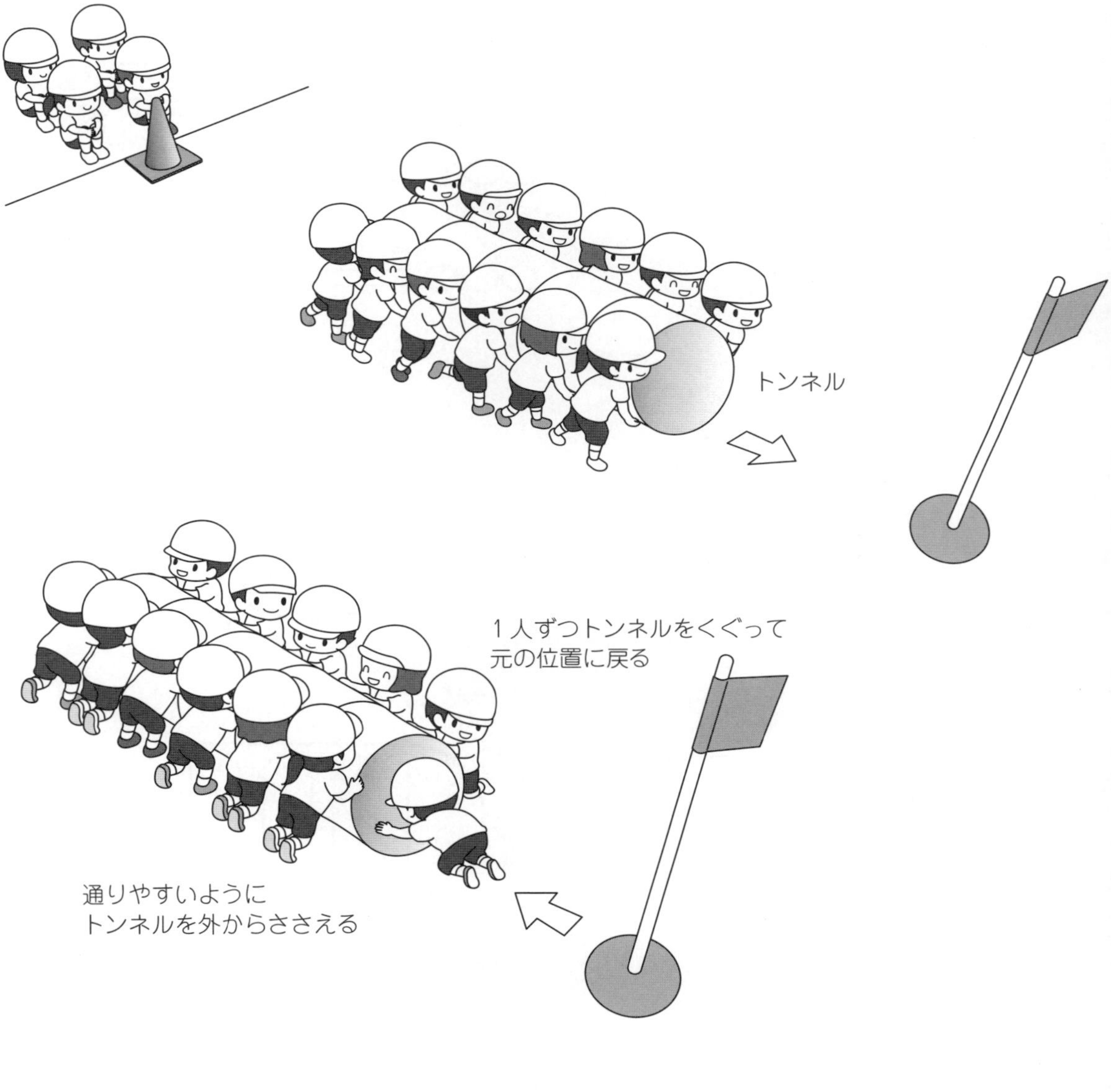
トンネル
1人ずつトンネルをくぐって
元の位置に戻る
通りやすいように
トンネルを外からささえる

トンネルを 6~8 人くらいの縦 2 列のグループになり、運んでいきます。はしごやフープをつなげたものを運んでもかまいません。1列の場合は、1本の棒をまたいだり、2本の棒を持ってもよいでしょう。

前方の旗のところに先頭が着いたら、ターンしてくるか、あるいは、前方の子からトンネルをくぐるとか、はしごやフープを渡ったり跳んだりして、グループごとに方向を変えて戻ってきます。

これらの動きは、次のグループと交代するときにしてもかまいません。

競技コースのアイディア

●競技コースのとり方

Ⓐ2チームの場合

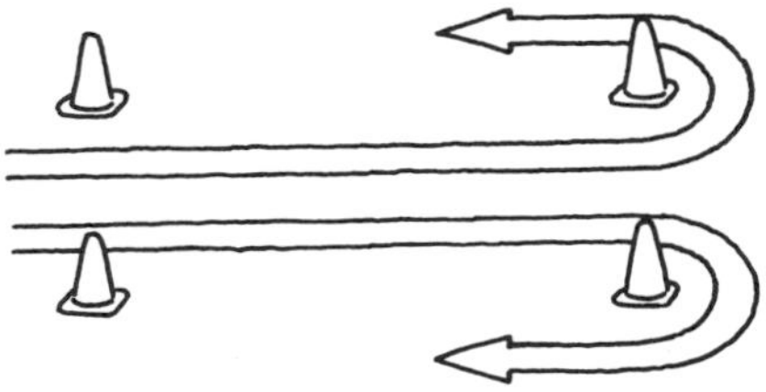

Ⓑ3チーム以上の場合

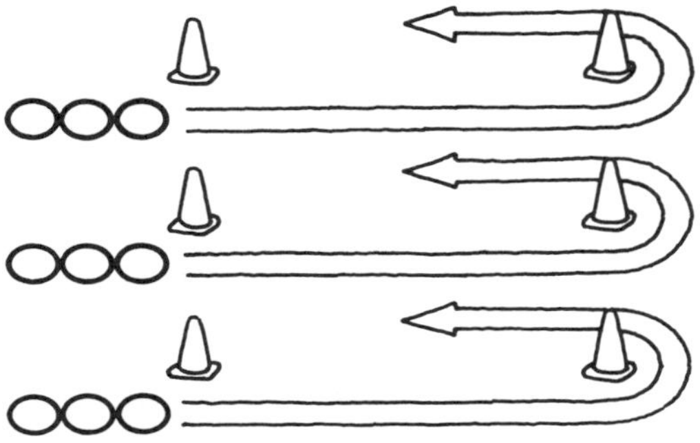

Ⓒ4チームの場合

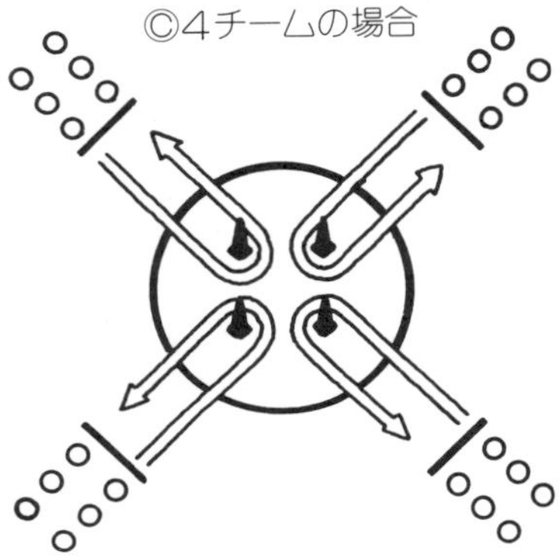

●ロータリー式

（どのチームも同じ方向に回って戻る）

※保護者席の位置によって方向をくふうしましょう。

〈Ⓐの場合〉

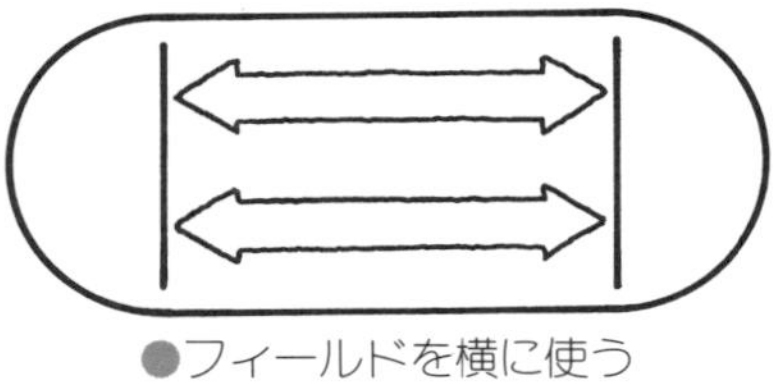

●フィールドを横に使う

〈Ⓑの場合〉

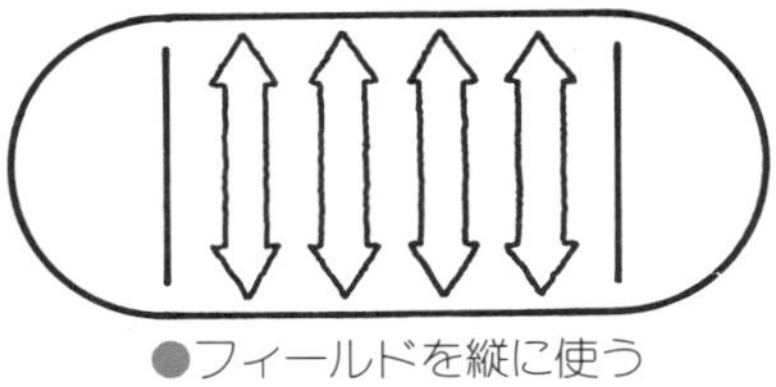

●フィールドを縦に使う

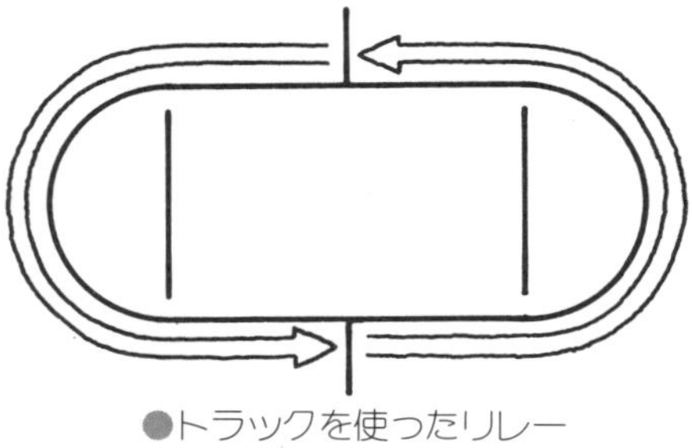

●トラックを使ったリレー

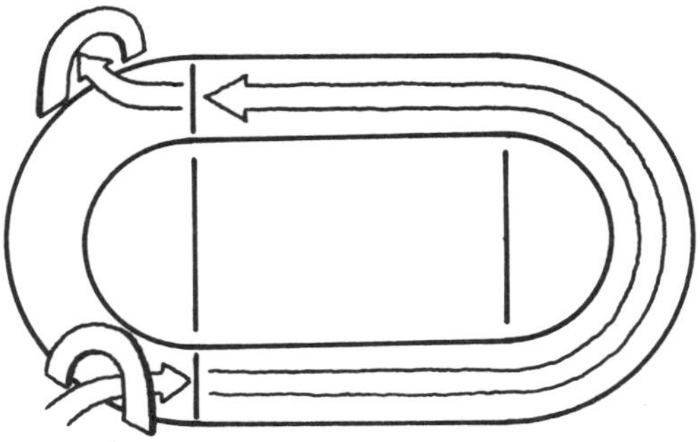

※入退場門を利用して流れを整理するくふう

運動会演技種目例

★日常のあそびの中からつくり上げる過程を大切に

運動会は、「日常の保育の積み重ねの成果を発表し、家族そろって楽しいひとときを過ごす場」と考えたいものです。運動会という〝行事〟だけのために、何日も前から直前まで〝練習、練習〟で明け暮れるのは、あまり感心できないことです。年度初めからじっくり計画をたて、豊富な日常のあそびの経験から、楽しい演技内容を発展、くふうしていってください。

今回紹介した体操や演技も、日常のあそびの中で十分に動きを経験させ、身につけたものに音楽をつけたものです。したがって、そのままを何回も繰り返し練習するのではなく、日常の保育の中でいろいろな動きを経験してあそびながら、子どもたちといっしょに楽しく完成していく過程を大切にしていきましょう。

●エイトビートのロックのリズムにのった軽快なリズム体操

ゴーゴー体操

●**使用曲**：「ダイヤモンドヘッド」(ベンチャーズ)

●**構　　成**：水谷英三、幼児体育教師研究会

1

(呼間)　8×3

手を腰に当て、準備。リズムに合わせて首を前後左右に振る。

2

8×4

ひざをリズミカルに屈伸させる。

3

8×4

両手を上にあげて、手首を振る。ひざは、リズミカルに屈伸する。

4

8×4

両足を開いて屈伸する。腕は下にして、手をぶらぶら振る。

5

8×4

(左右、8呼間ずつ足を替える)

ひざのバネを使いながら、体重を片足にかけ、側屈姿勢で屈伸する。腕はぶらぶら振る。

6

8×4

(左右、8呼間ずつ向きを替える)

手を腰にとり、左のほうを向いて左ひざを屈伸し、右ひざを伸ばす。右方向も同様にする。

7

8×2　8×2

(左右8呼間ずつ)

・とびながら1回まわる。
・両腕を上にあげ、手首を振りながらジャンプをする。

8

8×1　8×3

・両足を開き、ひざの屈伸をする。手は下で振る。
・ツイストをする。

9

8×1　8×1　8×1　8×1

(さらにもう1度繰り返し、深呼吸をする)

両手を前にあげ、手首を振る→両手を上にあげ、手首を振る→両手を横にさげ、手首を振る→両手を下にさげ、手首を振る。

10

きをつけの姿勢をとる。

●ゴーゴーのリズムにのって元気よく声をかけながら、屈伸や回転運動

ヤンチャリカ体操

●**使用曲**：「ヤンチャリカ」
（阿久悠・作詞、小林亜星・作曲）
●**構　成**：神戸市・北六甲幼稚園、六甲幼稚園

1　前奏(間奏)

(ゴーゴーをしてもよい)

リズムに合わせて背のびど〝きをつけ〟を繰り返しながら腕を上げ下ろす。

2　ヤンチャクチャポーズ　ヤンチャリカ
ヤンチャクチャポーズ　ヤンチャリカ

(2回繰り返す)

ヘその前で腕を交差させ(左→右)、さらに腕を外回しにして〝ポーズ〟(ひじを引き、ひざを屈伸)をとる。

3　ヤンチャクチャポーズ　ヤンチャリ
(カー)

腕を交差させた後、その場でかけ足をして１回まわる。最後の「カー」で〝ポーズ〟をとる。

4　いうこときかないヤンチャリカ
ごはんをたべないヤンチャリカ

腕を頭の上に伸ばし、手をたたきながら左へ体側、次に右への体側。

5　べんきょうやらないヤンチャリカ
どろんこふかないヤンチャリ…

腕を伸ばし、手をたたきながら、前後屈。

6　カー

腕を伸ばしたままジャンプ。４回繰り返す。

7　イチニッサンシニニッサン(元気に声をかけながら)

サンニッサンシシニッサン

４呼間で左足を前に出し、両腕を前方へ押し出す。次の４呼間は右足で。もう一度繰り返す。

8　ゴニッサンシロクニッサン
シチニッサンシ
ハチニッサン

(立ち上がるとき、大きな声で)

しゃがんでから立ち上がり、胸をそらす。この動作をもう一度繰り返す。

9　ヤンチャリ…

手足を自由に動かす。(キック、ボクシング、足じゃんけんなど。)

10　カー

(大きな声で)

にぎりこぶしを、勢いよくつき上げる。

11　後奏

(8×4)　(8×2)　(8×1)

・８の字に歩いて、元の場所へ戻る。
・ジャンプしながら腰をひねる。
・足踏みしながら深呼吸する。

●繰り返しのリズムを楽しむリズム体操

ドレミ体操

●**使用曲**：「ドレミのうた」
（ペギー葉山・日本語詞）

●**構　成**：水谷英三、
幼児体育教師研究会

1 静止	2 大きな声で歌う	3 両手を前から上へ横から下へまわす	4 大きな声で歌う	5 両手を前から上へ横から下へまわす	6 静止（直立姿勢）

		（呼間）8	8	8	
さあ、みなさん ドレミのうたを うたいましょう	**ソドラファミドレ**	（ハイ） ソドラファミドレ	**ソドラシドレド**	（ハイ） ソドラシドレド	さあ、今度は オーケストラの～

7 前から上へ	8 横にひらきながらおろしてくる	9 左足首を振る	10 右足首を振る	11 ひざを深く屈伸

（手首を振りながら） 8	（手首を振りながら） 8	（両手は腰に） 8	8	8×4
ソドラファミドレ	ソドラファミドレ	ソドラシドレド	ソドラシドレド	**ド**はドーナツのド **レ**はレモンのレ **ミ**はみんなのミ **ファ**はファイトのファ

12 頭の前後屈	13 頭を左右に回転	14 耳を押すようにしながら側屈 右へ2回	左へ2回	15 右へ2回	左へ2回

（足をひらく） 8×2	8×2	8	8	8	8
ソはあおいそら ラはラッパのラ	シはしあわせよ さあうたいましょう	ドはドーナツのド	レはレモンのレ	ミはみんなのミ	ファはファイトのファ

※太字の部分だけ大きな声で歌ったり、声を出したりします。

「ラジオ体操」と同じように、効率的で合理的に身体各部を動かすように構成された体操です。また、幼児に親しみやすい曲であると同時に、大きな声で歌いながら動きにアクセントをつけられるところに特徴があります。曲げたり伸ばしたりするときは、しっかり曲げ伸ばしをするように指導しましょう。

★子どもたちに対面するときは逆から

指導者は、子どもたちがまねをしやすいように対面して指導します。一般に体操は左から始めますが、言葉では子どもたちの動作に合わせて言いながら、動作は逆の右から始めなければなりません。左右上下強弱遠近なども、体操の動きの中で教えていきましょう。

16
腕を振り、体を左、右、左、右とねじる
8×4
ソはあおいそら
ラはラッパのラ
シはしあわせよ
さあうたいましょう
17
両足をそろえてひざを伸ばしたまま手をももからひざへと下ろし床につける。その逆で体を起こしてくる。
8
8
ドレミファソラシド　ドシラソファミレド
18
両足ジャンプ
(その場で)
8
ドミミ　ミソソ
レファファ　ラシシ
19
手を打ちながら、片足とびを繰り返す(左→右→左→右)
パチ
パチ
8
ドミミ　ミソソ
レファファ　ラシシ
20
腕を振って足ぶみ
8×2
ソドラファミドレ
ソドラシドレド
21
左足を1歩前にふみ出しながら両腕をあげ、胸をそらせる。前に出した足を戻しながら両腕も下ろす。
8
8
右足も
ドはドーナツのド　レはレモンのレ
22
左と同様に
8
8
ミはみんなのミ　ファはファイトのファ
23
両腕を前から上にあげ、斜めにひらいて下ろし、前交差。斜め後ろにひらいて戻す
8
8
ソはあおいそら
ラはラッパのラ
24
繰り返し
8
8
シはしあわせよ
さあうたいましょう
25
徐々に小さくしゃがみこむ
イチニーノサン…
8
ドシラソファミレド
26
ワイッ
元気よくとび上がる
ワァー！

●スタンツあそびからの発展として演技種目を考える

組体操

●展開例…3人組の場合

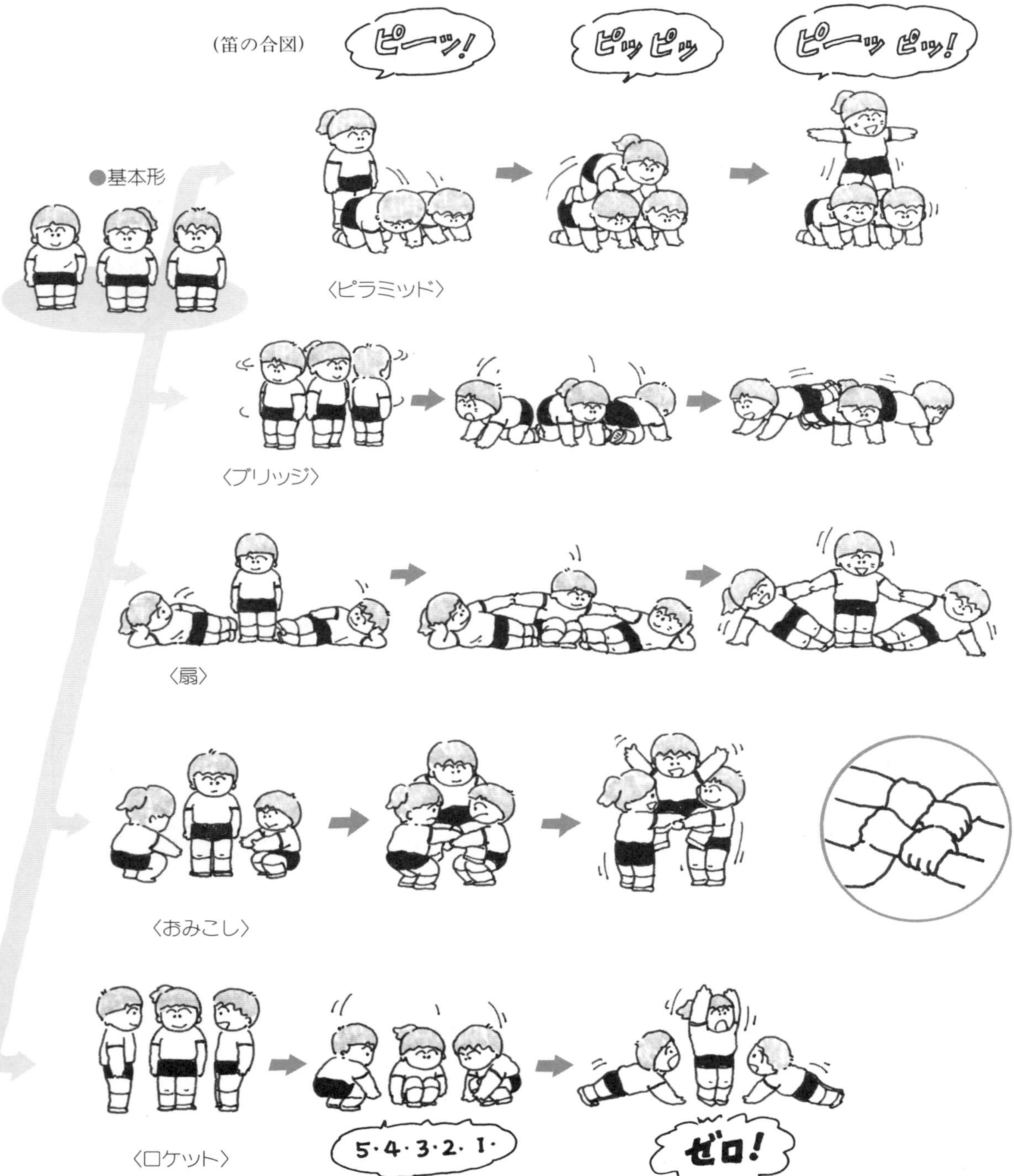
(笛の合図)
ピーッ!
ピッピッ
ピーッ ピッ!
●基本形
〈ピラミッド〉
〈ブリッジ〉
〈扇〉
〈おみこし〉
〈ロケット〉
5·4·3·2·1·
ゼロ!

●**演出のしかた**(例)

○「組体操！」という合図とともに、みんなで「エイエイオー！」と声を出します。

○小太鼓の連続音に合わせて、「ヤー！」と元気よく声を出しながら走って入場し、決められた体形に並びます（基本形）。

○大太鼓の合図「ドン！」で、「ピラミッド」など演技種目を大きな声で一斉に言います。

○笛の合図にしたがって演技します。

○すべての演技が終わったら、再び小太鼓の連続音に合わせて、元気よく「ヤー！」と声を出しながら走って退場します。

●**幼児のスタンツの基本形**

これらを組み合わせて、人数（2人、3人…）に応じた構成を考えてみましょう。

●**応用**…2人組の場合

●**応用**
4人組の場合

●**発展**…「集団タワー」

※運動会は、あくまでも日常保育の積み重ねの成果を発表する場と考えたいものです。この「組体操」も、日常のあそびの中で、友達と協力して完成する喜びを味わいながら、どのポジションでもこなせるようにしておきましょう。

●運動会で、家族といっしょに楽しく身体を動かしてあそぶプログラム

親子体操

●親と子が1組ずつペアになって（同心円状に並びましょう）

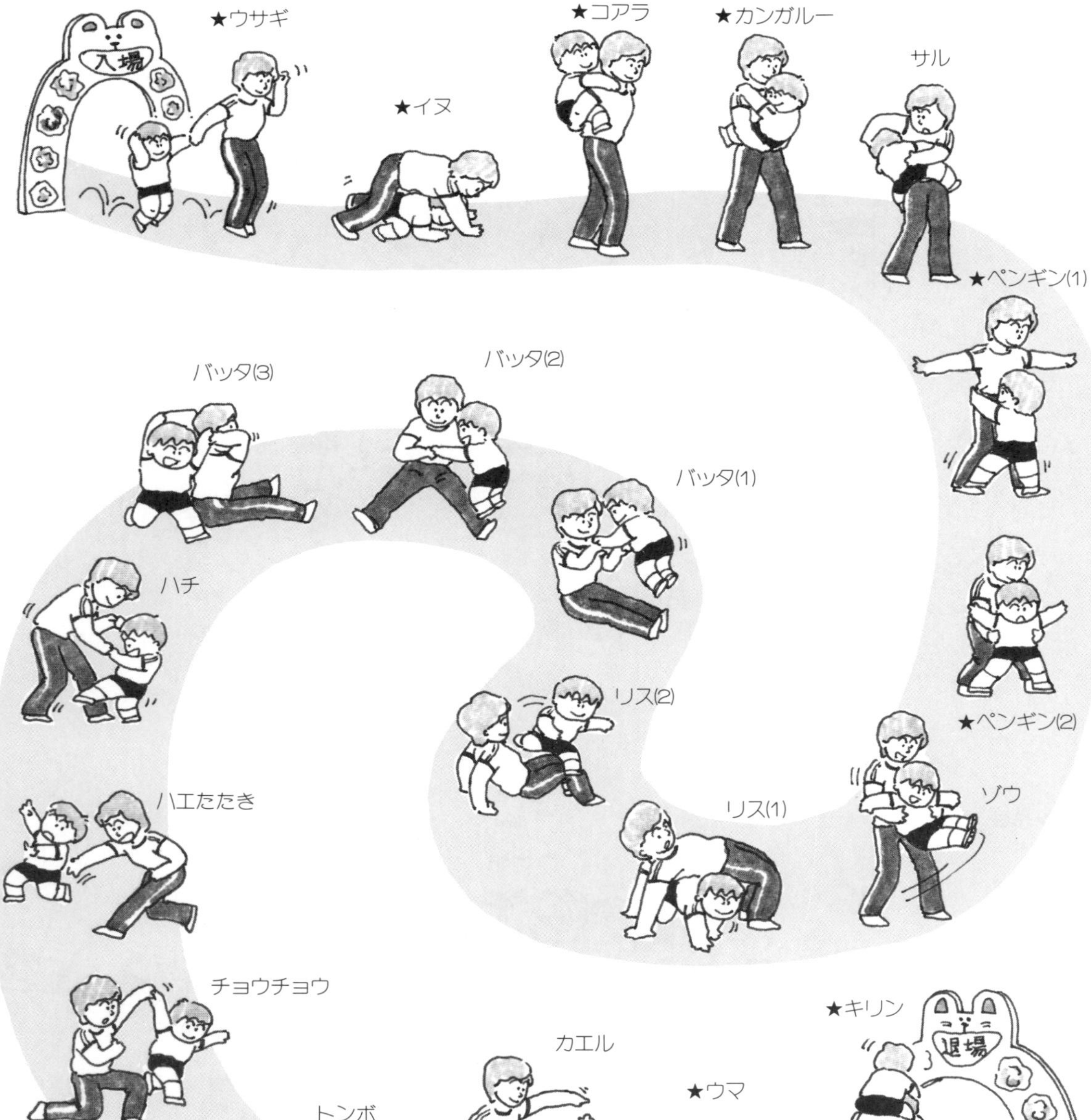

入場
★ウサギ
★イヌ
★コアラ
★カンガルー
サル
★ペンギン(1)
バッタ(2)
バッタ(3)
バッタ(1)
ハチ
リス(2)
★ペンギン(2)
ゾウ
ハエたたき
リス(1)
チョウチョウ
★キリン
退場
カエル
★ウマ
トンボ

※移動できる動き（★印）では、危険のないよう配慮しながら、横一列になって競走してもおもしろいでしょう。

● 親子体操の指導

○「動物の親子」など、ひとつのテーマを決め、動きに合った音楽をかけましょう。

○ 中央に台を置いてステージをつくり、モデルがみんなに見えるようにします。

○ ステージを中心に同心円状に並びます。

○ 動きやすいように、ゆったりとした空間をとるようにします。

○ 笛の合図で、モデルをまねながら同じ方向に進みます。１つ鳴ったら逆方向に回り、２つ鳴ったら次の動作に移りましょう。

○ ポイントになる動きを解説しましょう。

●親子のグループで（グループ対抗の競技にしてみましょう。）

〈基本的な配置〉
・またの下をくぐる(①)
フラッグコーンを回って戻る
〈バリエーション〉
・おなかの下をくぐる(②)
くぐったり、とんだり(⑦)
・トンネルをつくる(⑤)
・くぐったり、またいだり(⑥)
・足の間をとんでいく(③)
・腕の上にのせて渡していく(⑧)
・運んで渡していく(④)
※(　)内の数字の順に展開してみましょう。

※ひとりずつバトンタッチするのではなく、みんなで一斉にくぐったりとんだりして、元の位置に戻りましょう。

振り付けに取り入れたい動き

●どんな曲を使うときにも取り入れたい基本的な動作です。

静止

行進

元気よくその場でかけ足

走りながら手を左右、上下、前後に動かす。

にぎりこぶしで天をつきあげる。
<左右２回ずつ>

高い山のように、
両手でゆっくり大きな半円を描く。

リズミカルに軽やかに
高くピョンピョン跳び。

自由な体形で、幼児に必要な基本的動作を繰り返し行ないます。かけ声のリズム、力強さ、歯切れの良さを生かして元気いっぱい動きましょう。

また、幼児にとって身近で具体的な言葉で、自由に想像する動きを引き出すように構成してみましょう。それぞれの個性に合ったのびやかな表現力を発揮させましょう。

岩をよじ登るような動作

片足横倒しのポーズ
(歯切れよくバランスを取って左と右)

踏んばって左と右に大きく押す。

左足、右足と交互に大きくけり上げる。

リズムに乗って、ケンケン、パッ。

★リズム・言葉・全身の動作

幼児体操に大切な特徴は、「身体がしぜんに動き出すようなリズム」「子どもにわかりやすい具体的な言葉と動き」「全身(身体各部)の動きを導く」ことがあげられます。そのうえでさらに、子どもたちの自由な表現力を発揮させていきましょう。

ボールを使った振り付け例

●ボールを使った大切な動きの例を示してみました。どんな曲を使うときにも、取り入れたい動きです。使用曲からのイメージとともに、子どもたちといっしょに振り付けを考えてみましょう。さあ、ボールでどんなことする？

（ひとり）

その場で足踏み

頭の上にボールを置き、足踏み

その場で両足ジャンプ

足踏みしながら前へ出す。

足踏みしながら上へあげる。

ボールを胸につけその場で両足跳び。

・両足を広げて、左右に揺れる
・頭上にボールをあげ、大きく回す

「ヨイショ、ヨイショ」と元気良くかけ声をかける。

足を伸ばして座り、ボールを持ったまま舟をこぐ動作をする

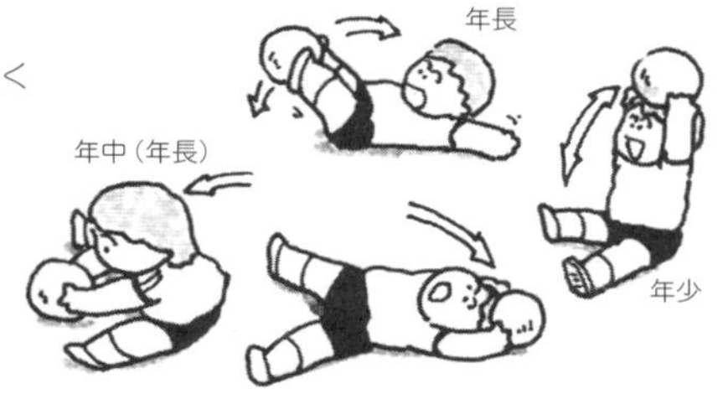

足を広げて座り、後ろに倒れる大きな動作で舟をこぐ動作をする。年少は、ボールが頭上にくるところで止める。年長は足でしてもよい。

胸にボールをつけたり、頭の上にあげたりしながら前後にぴょんぴょん。

ボールを地面に置いて、周りをスキップ。最後の２呼間は拍手。逆回りの動作。

（年長）ほうりあげて受ける。
（年中）地面について受ける。
（年少）地面につけて、立つ。

年少・年中は、ボールを転がしながら、その場を回る。

その場でまりつきをする。
（年長）片手で。
（年中）両手で。
（年少）地面につけて、立つ。

自分の周りでボールを転がす。
（年長）足を開いて８の字に
（年中）とじたまま立って。
（年少）しゃがんで。

（運び方／ふたり）

おなかとおなか　両手を離して　おなかと背中　背中と背中　頭と頭

両手をつないで

片手をつないでけりながら

両手をつないで
けりながら

ワンバウンドで
キャッチボールしながら

パスしながら

高く
パスしながら

（転がし方・受け方／ふたり）

フープの外に出ないように
しながら、転がして受ける。

またの間から転がして
両足を開いて受ける。

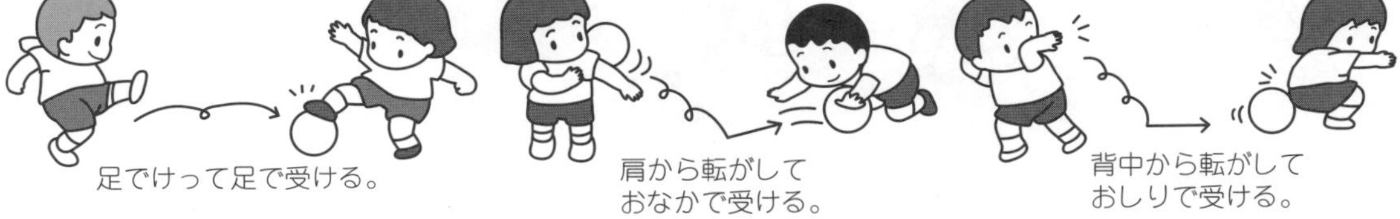

足でけって足で受ける。

肩から転がして
おなかで受ける。

背中から転がして
おしりで受ける。

（3人以上）

足に挟んでムカデ歩き

貨物列車だシュッポッポ

フープを使った振り付け例

●フープを使った大切な動きの例を示してみました。どんな曲を使うときにも、取り入れたい動きです。使用曲からのイメージとともに、子どもたちといっしょに振り付けを考えてみましょう。さあ、フープでどんなことする？

（ひとり）

●上下

●体側

●回転

●投げて、取る

●グーパー跳び

●手足でグーパー

●くぐって前回り

●立って上から
くぐり抜け

（ふたり）

●重ねる

●回る

●ふたりで持ち、開き閉じ

（３人以上）

フープの持ち方

●でんしゃごっこ

●トンネル

●リング

棒を使った振り付け例

●棒を使った大切な動きの例を示してみました。どんな曲を使うときにも、取り入れたい動きです。使用曲からのイメージとともに、子どもたちといっしょに振り付けを考えてみましょう。さあ、棒で何しようか？

（ひとり）

●腕屈伸

●上体屈伸

●バランス

●１回転して取る

●上体反し

●左右ひねり

●おウマさん

●乗る→渡る・飛び越す

（ふたり）

●リズム打ち

●片方上げ下げ

●ひとりが立ってひとりが座る

（３人以上）

●下に置いて閉じ開き

●３人で頂点をつくる

●４人で輪みたいに

短なわ（長なわも）を使った振り付け例

●短なわを使った大切な動きの例を示してみました。どんな曲を使うときにも、取り入れたい動きです。使用曲からのイメージとともに、子どもたちといっしょに振り付けを考えてみましょう。さあ、短なわで何しよう？ 長なわならどうかな？

（ひとり）

おじぎ

首の後ろでなわを左右に振る
前に出し、静止。

左手で
なわを回す。

右手に持ち替えて
なわを回す。

両手を上下し
横に引っぱる。

左を向いてひざまずき、上体を後ろに反してなわを落とし、体を起こして立ち上がる。

ひざの屈伸と上体の屈伸。

ひざの屈伸と上体反し。

上体の屈伸で両手でなわを拾い右手を離す。

なわの高さまでひざをあげ、
足踏みをする。最後になわを
後ろに回し首にかける。

なわの高さまでひざをあげ、
足踏みをする。最後になわを
後ろに回し首にかける。

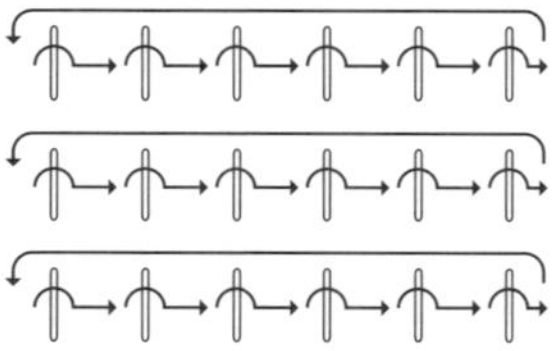

横１列のなわを跳んで
１周し、元に戻る。

右手で８の字に
なわを回す。

なわを伸ばして
直線上に置く。

なわの上を綱渡りして歩き、
端まで行ったら、また戻る。

なわの上をアヒル歩きする
端まで行ったら、また戻る。

（ふたり）

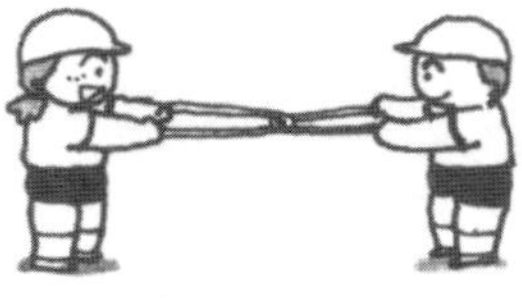

ふたりひと組でなわを組み、
さらに３組が重ねる。

右手（左手･両手）を
上下する。

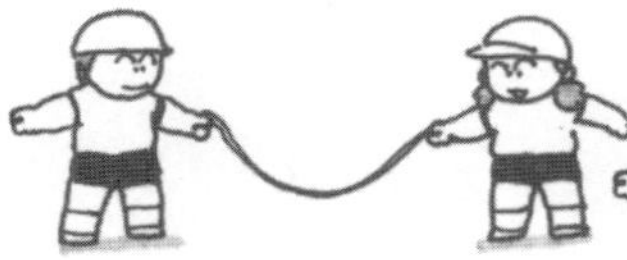

左手に自分のなわを持ち、
右手で隣の子のなわを
取って持つ。

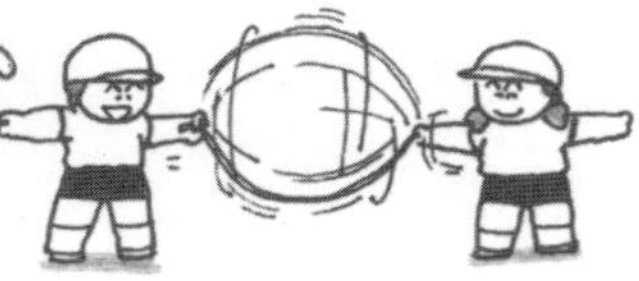

前に出て、みんなでなわを
回す。

（３人以上）

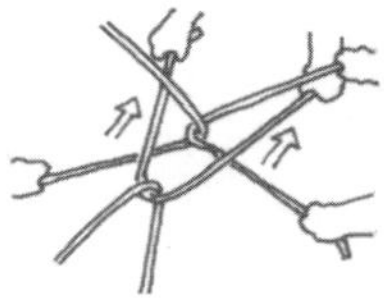

ほかのペアと
組むときは
上下に広げる。

３組で網んだなわの中心を
フラッグコーンの上に置き、
16 呼間なわを閉じて待つ。

なわを右手に持ち、
左手を上にあげて
手首をキラキラして回る。

各自なわを引っ張って取り、
その場でなわとびをする。

両手を左右に開閉する。

右手でなわを持ち、
左手を横にあげる。

対面した２人ずつ右回りでなわを体に巻き付け、
ほどいて戻る。

長なわの動作（多人数）

●「山」をつくる。

本部の反対側だけ
上げ下げ。

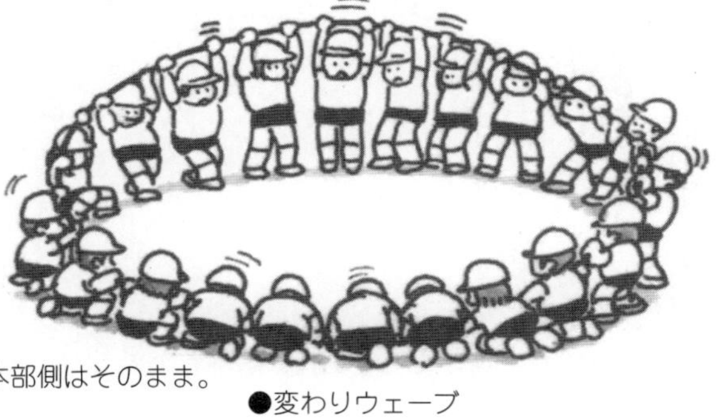

本部側はそのまま。

●変わりウェーブ

●主題ごとの特性を押さえて、オリジナルな演技種目の工夫を

長なわあそびの演出の工夫

●長なわを使った動き

●長なわから円なわへ

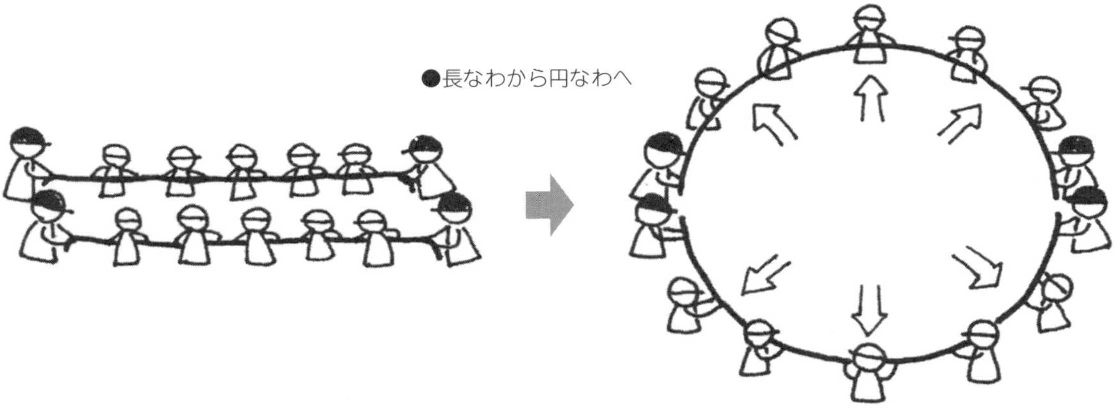

●円から星へ

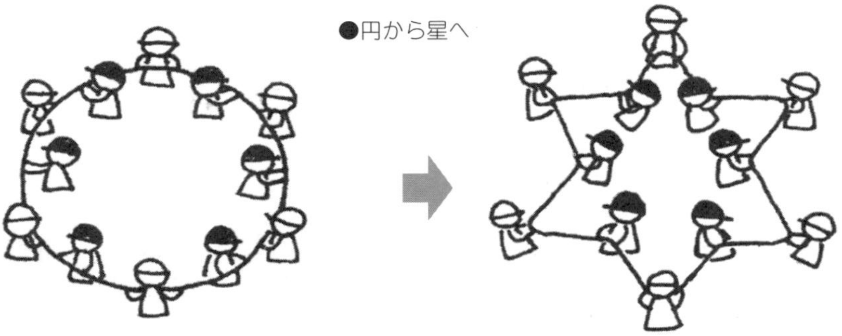

●2 本のなわを使った回転

園児の人数や方針によって、小規模なものから大規模なものや、異年齢混合のものまで、演出の方法も異なりますが、基本的に、日常の保育の中で積み重ねてきた動きを中心に構成して、子どもたちの負担も少なく、楽しくできるようにしましょう。

●波をつくる

●塔をつくる

●列車になって（入退場の演出）

パラバルーンを使った振り付け例

●パラバルーンを使った演技は、するほうも見るほうもワクワクドキドキ！ 中に隠れて、変わり身の術！（帽子を裏返して出る！）など、楽しさ盛りだくさんに！ 使う曲に合わせて、いろいろイメージしてみましょう！

持ちかえの術

①

その場で足踏み。

②

止まる。
右手進行方向に向き
右手を上げる。

③

歩く。
（パラバルーンが回る）

④

右手を上にあげて歩く。さらに
両手で持ち、左手を横。

⑤

左手を横にして歩く。

⑥

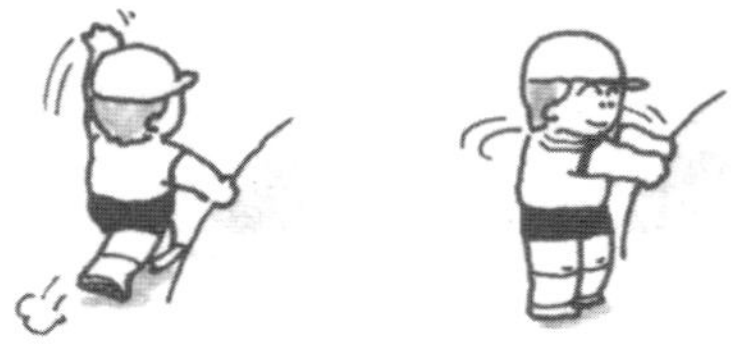

左手を上にあげて歩き、両手で持って止まる。

⑦

さっとパラバルーン座りで
「小波」で揺らす。

ふくらんで ↓ しぼんで

①

「バンザイ」

②

さっとおしりで押さえ、
「お兄さん座り」をする。

③

手をたたく。

④

「バンザイ」をして寝る。

⑤

起き上がり、お兄さん座り。
パラバルーンを持って立つ。

⑥

足踏みしながら波をつくる。

変わり身の術

①

「バンザイ」をする。

②

すばやくパラバルーンの
中に入る。

③

パラバルーン内で、
カラー帽子を裏返して
かぶる。

④

パラバルーンの外に出る。

バリエーションから フィニッシュ！

①

ジャンプしながら「大波」。

②

両手で持って、静止。

③

カニ歩きで左回り。

④

最初の１呼間で
パラバルーン座りをして
「小波」。

⑤

「バンザイ」。

⑥

パラバルーン座りで
押さえる。

⑦

「小波」。

「バンザイ」。

「ヤー」と声をかけながら
全員中に入る。

「バンザイ」から、一斉に
手を離して宙に浮かせる
フィニッシュ。

パラバルーンあそびの演出の工夫

●パラバルーンを使った振り付け例（P.160）と合わせて、楽しい演出を考えましょう。

●入退場での行進のしかた

●星をつくる

●四角形や三角形をつくる

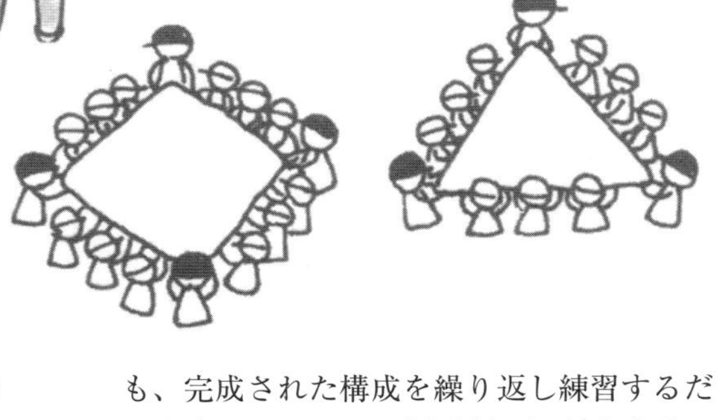

演技種目の発表が、子どもたち中心の活動であったかどうかは、運動会が終わった後も日常のあそびとして子どもたちがやりたがるかどうかが目安になるでしょう。そのためにも、完成された構成を繰り返し練習するだけでなく、それぞれの「主題あそび」を十分に楽しみながら、その特性を生かした動きを経験できるようにしてください。

●メリーゴーラウンド

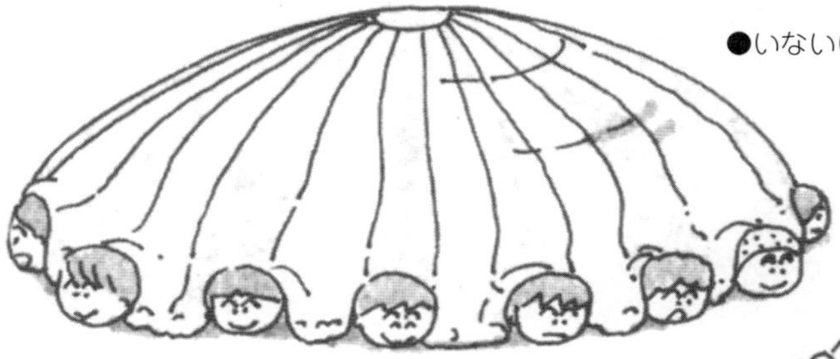

●いないいないバァー

●半月をつくる
頂点の子どもは、
立ってバンザイをする。

●オープニングの工夫
パラバルーンは、持つポイントに
人数に合わせた番号をつけ、
中心から箱に入れておきます。

長なわ・パラバルーンの集団演技の体型変換

●前ページ（P.162～P.164）の演出の工夫からイメージを広げていろいろな体形変換を、みんなでダイナミックに楽しんでみませんか？　かざぐるまになるよ～！　お花が開くよ～！　などと、声をかけて、みんなでイメージしてみましょう。笑顔があふれるといいですね。

長なわ

①

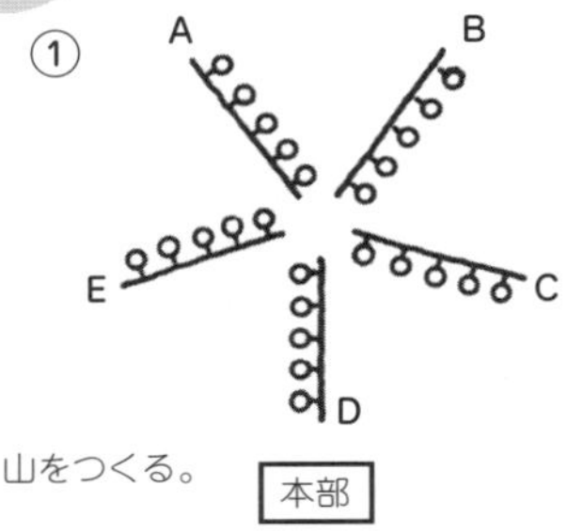
A
B
C
D
E
本部

山をつくる。

②

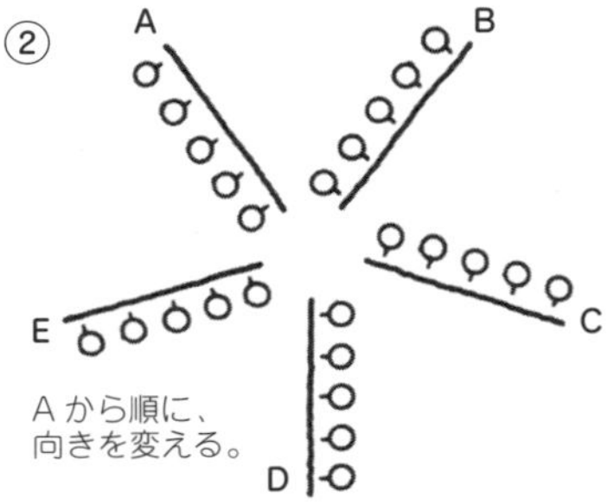
A
B
C
D
E

Ａから順に、
向きを変える。

③

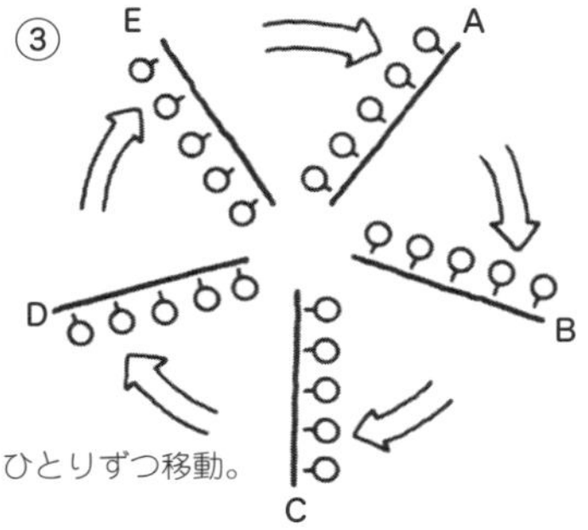
E
A
B
C
D

ひとりずつ移動。

④

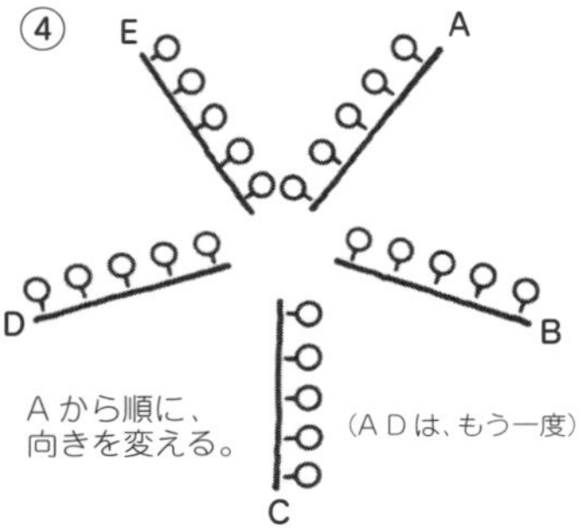
E
A
B
C
D

Ａから順に、
向きを変える。
（ＡＤは、もう一度）

⑤

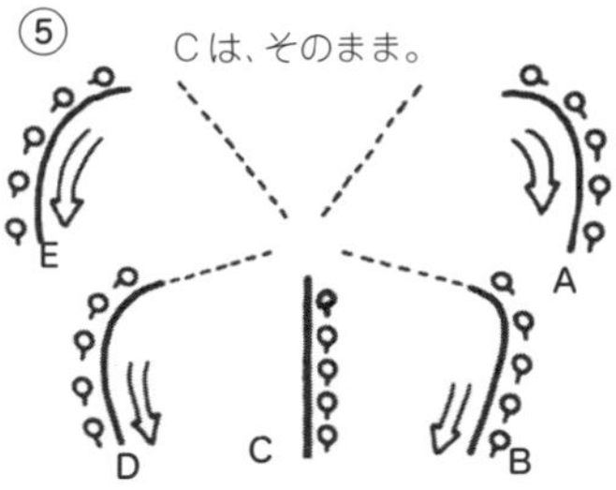
Cは、そのまま。
E
A
D
C
B

ＡＢＤＥ矢印のように移動。

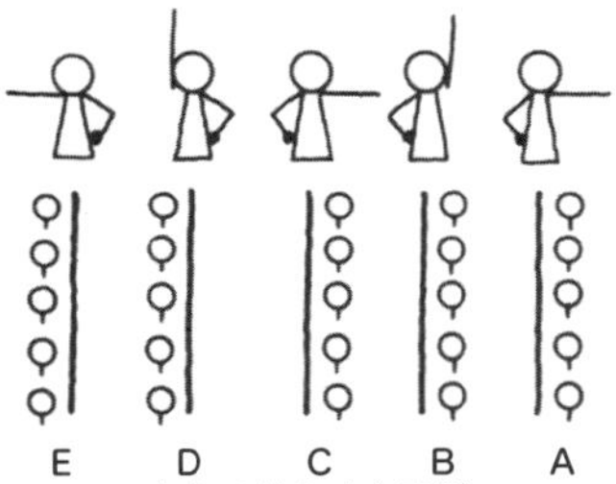
E
D
C
B
A

なわの持ち方と配置

⑥

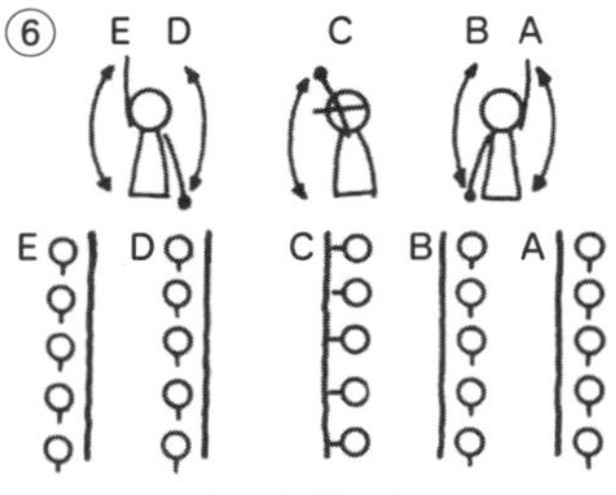
E D
C
B A
E
D
C
B
A

両手を上げ下げする。

⑦

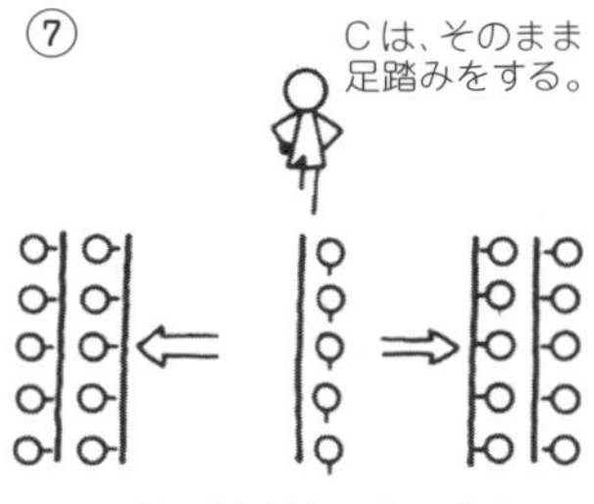
Cは、そのまま
足踏みをする。

両手に持ち替え、ＢＤ後ろへ。

⑧

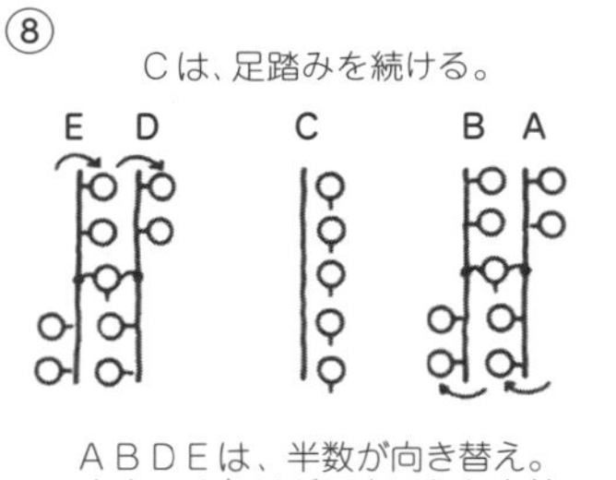
Cは、足踏みを続ける。
E
D
C
B
A

ＡＢＤＥは、半数が向き替え。
中央のひとりが両方のなわを持つ。

⑨　Cは、円なわをつくって中に入り、ちぢむ。

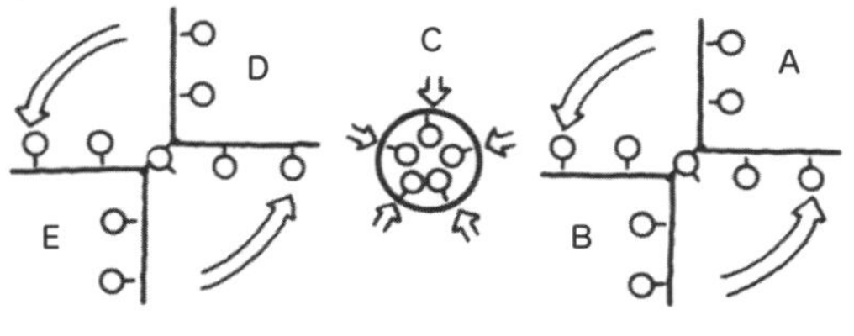
D
C
A
E
B

ＡＢ・ＤＥは、左回りに歩く（162ページ参照）。

⑩　Cは、円なわの外へ出て広がる。

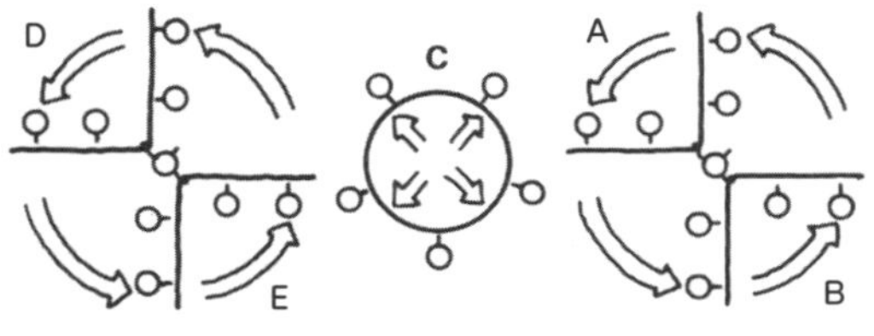
D
C
A
E
B

ＡＢ・ＤＥは、続けて回転する。

パラバルーン

＜配置例＞

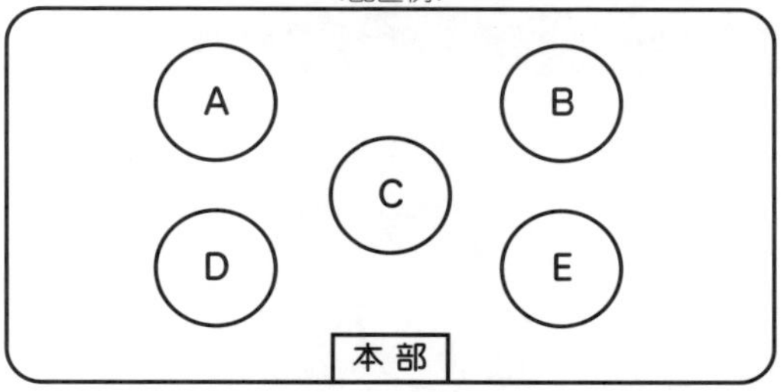

①

各組円形にパラバルーン座りで並び、顔は下向き。8人が中央でパラバルーンの印を持つ。

②

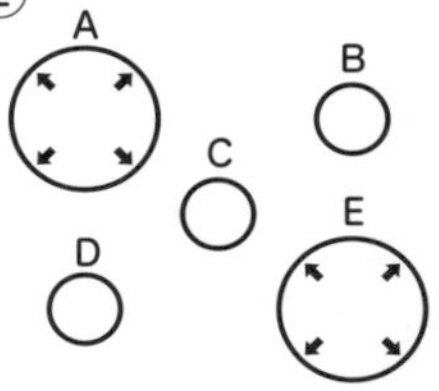

AE組、パラバルーンを円形に引き出し、全員で持ってふくらむ。ふくらんだら顔を上げ、しゃがむ。

③

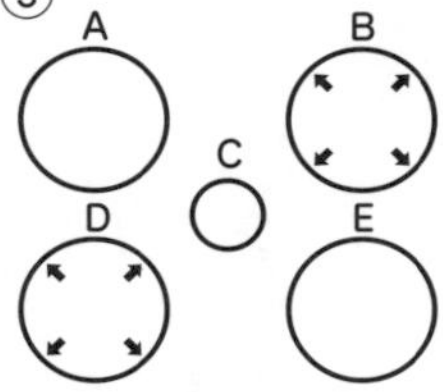

ＢＤ組、同様にふくらみ、しゃがむ。

④

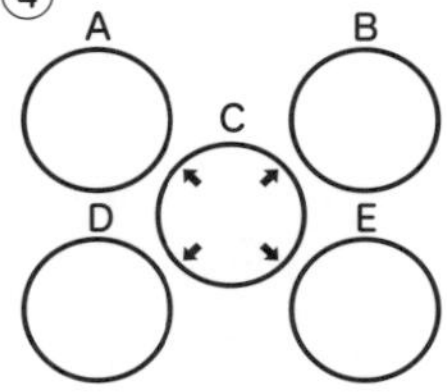

Ｃ組、同様にふくらむ。最後に全員立つ。

---

①

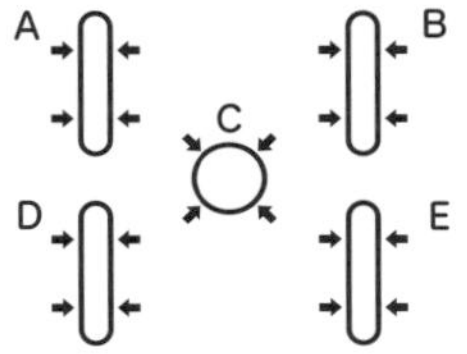

ＡＢＤＥ組は直線になる。
Ｃ組は小さな円にちぢむ。
(パラバルーンを巻いてたぐっていく)

②

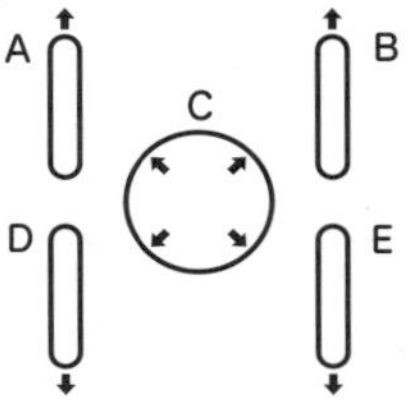

ＡＢＤＥ組は交互に足を斜め横に出して左右に揺れる。Ｃ組は広がる。

③

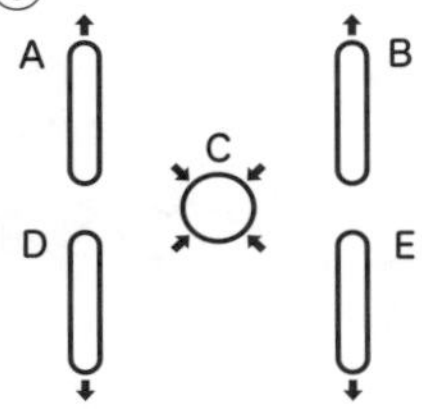

ＡＤ組とＢＥ組が逆方向に揺れるように足を出す。
Ｃ組は小さな円にちぢむ。

④

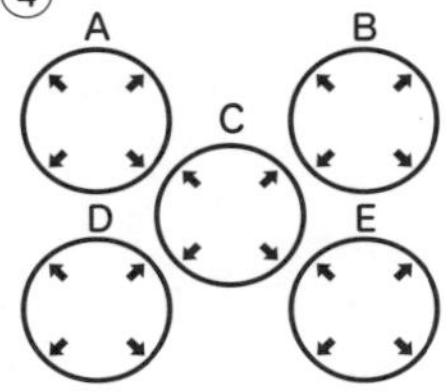

各組とも広がって円形に戻る。

---

①

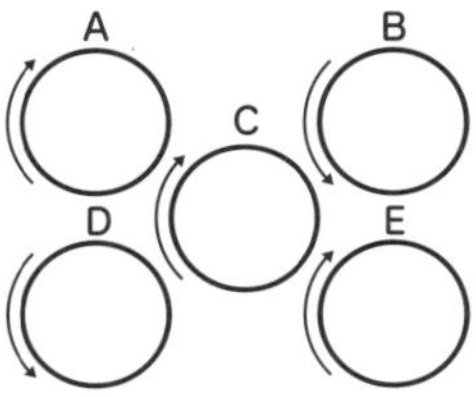

各組矢印の方向に回る。
パラバルーンを両手で持って止まる。

②

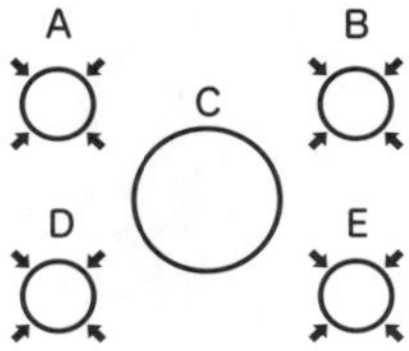

ＡＢＤＥ組はパラバルーンを巻いて小さな円にちぢむ。Ｃ組はそのまま。

③

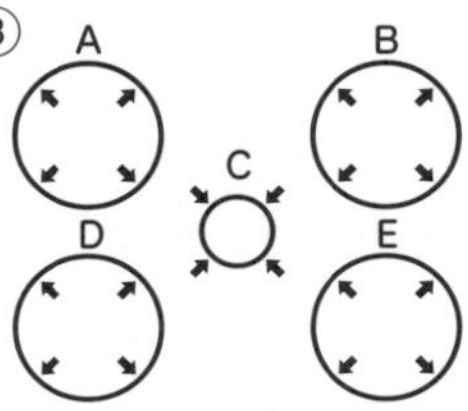

ＡＢＤＥ組は広がり、Ｃ組はちぢむ。
いったん動きを止める。

④

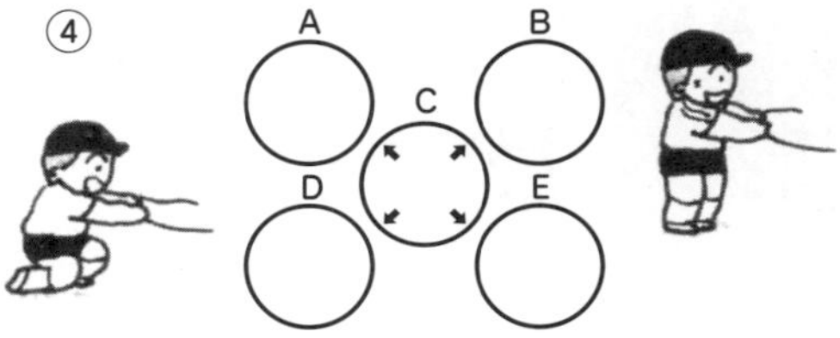

Ｃ組は広がる。その間ＡＢＤＥ組は、座って立つ。

⑤

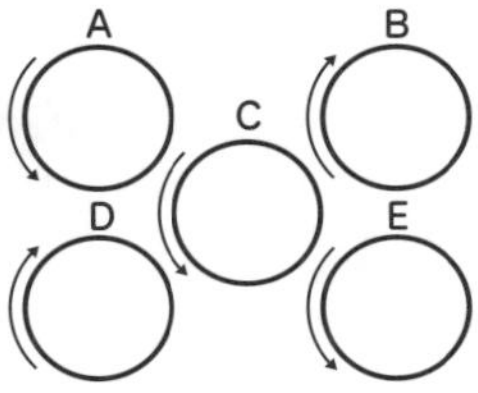

「メリーゴーラウンド」になって回る。
(ＡＣＥ…左回り、ＢＤ…右回り)
方向転換も入れてフィニッシュ。

演出・演技のアイディア

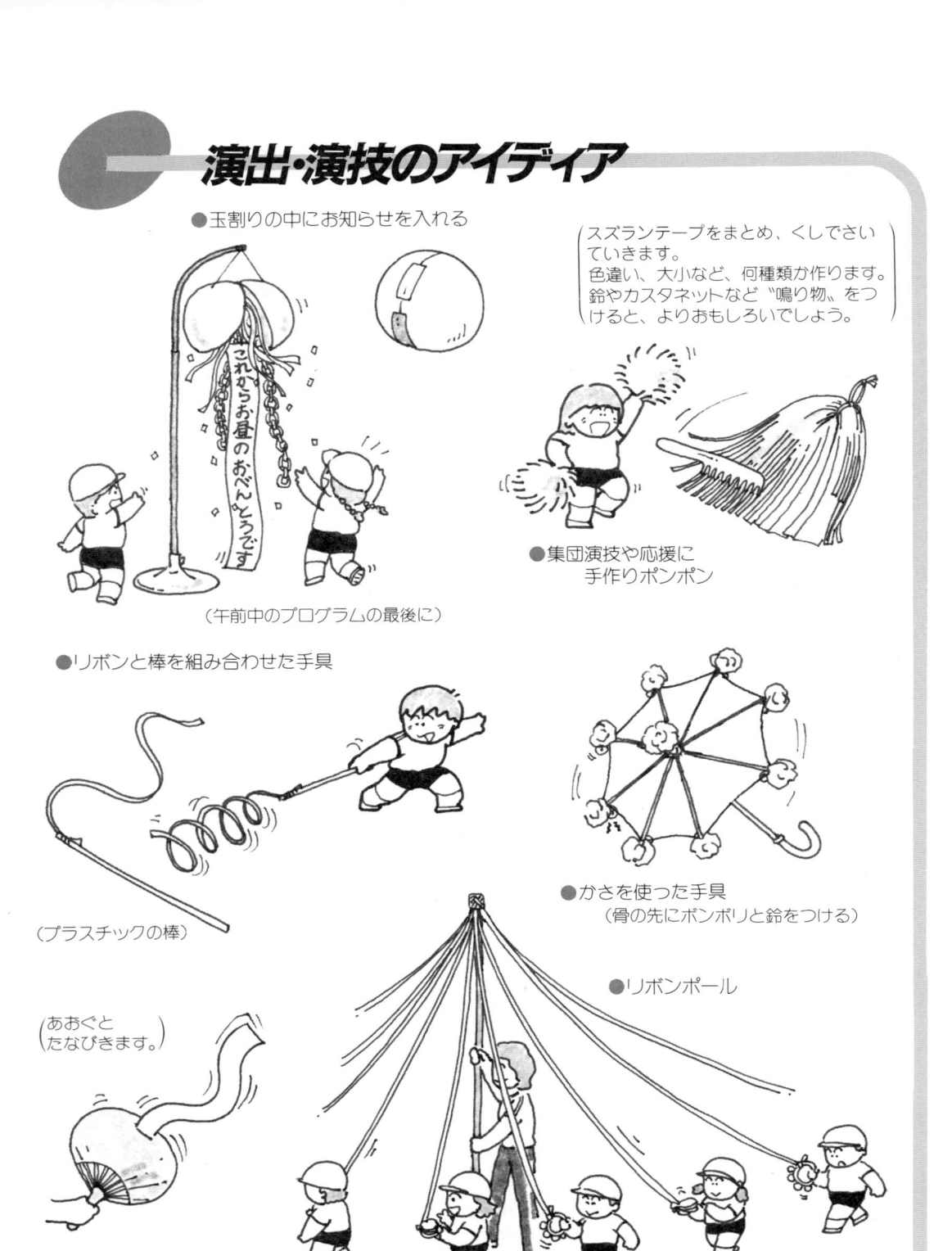

●玉割りの中にお知らせを入れる

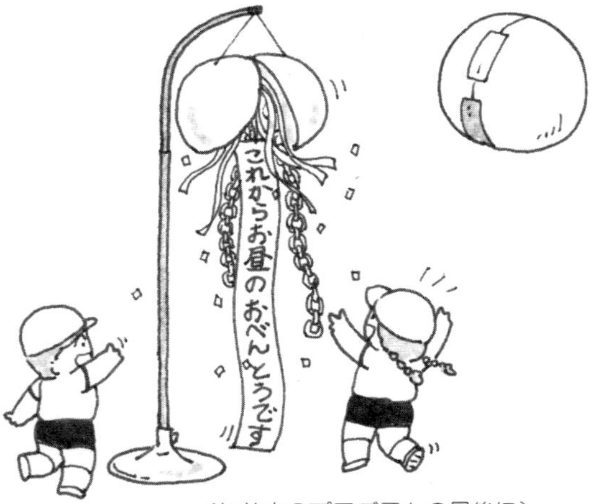

（午前中のプログラムの最後に）

（スズランテープをまとめ、くしでさいていきます。
色違い、大小など、何種類か作ります。
鈴やカスタネットなど〝鳴り物〟をつけると、よりおもしろいでしょう。）

●集団演技や応援に
手作りポンポン

●リボンと棒を組み合わせた手具

（プラスチックの棒）

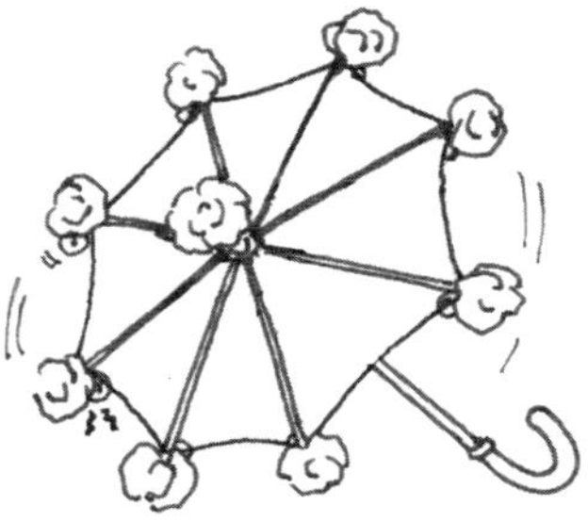

●かさを使った手具
（骨の先にボンボリと鈴をつける）

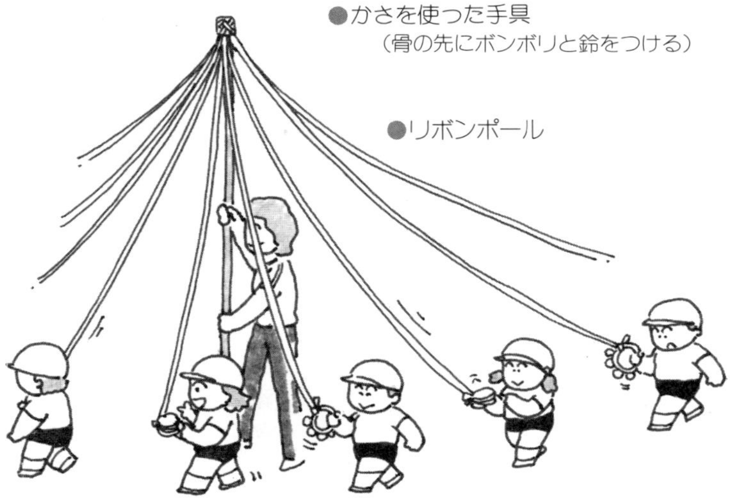

●リボンポール

（あおぐと
たなびきます。）

●うちわとリボンを
組み合わせた手具

（リボンの先にリズム楽器をつけてみましょう。）

サーキットあそびの考え方

サーキットあそびに見られる変化

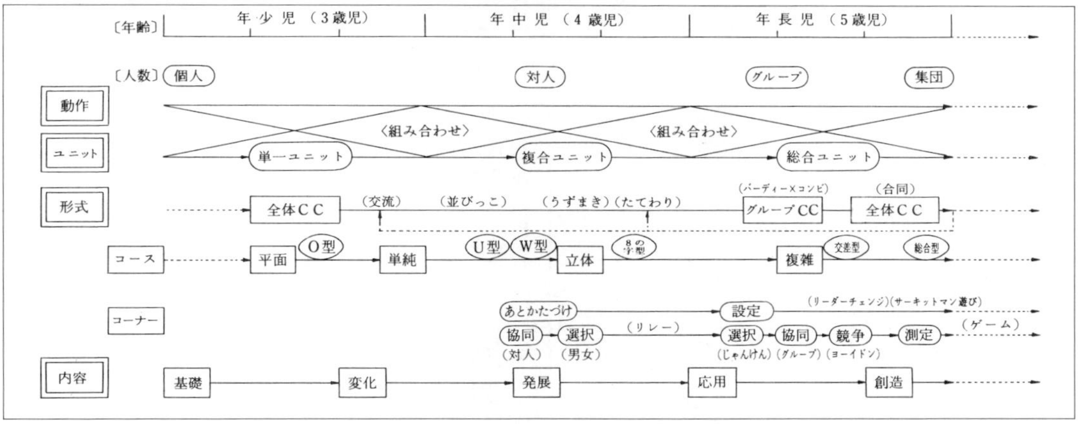
〔年齢〕
年少児（3歳児）
年中児（4歳児）
年長児（5歳児）
〔人数〕
個人
対人
グループ
集団
動作
ユニット
〈組み合わせ〉
〈組み合わせ〉
単一ユニット
複合ユニット
総合ユニット
形式
全体CC
（交流）
（並びっこ）
（うずまき）（たてわり）
（パーディー×コンビ）
グループCC
（合同）
全体CC
コース
平面
O型
単純
U型
W型
立体
8の字型
複雑
交差型
総合型
コーナー
あとかたづけ
設定
（リーダーチェンジ）（サーキットマン遊び）
協同
（対人）
選択
（男女）
（リレー）
選択
（じゃんけん）
協同
（グループ）
競争
（ヨーイドン）
測定
（ゲーム）
内容
基礎
変化
発展
応用
創造

（注）ＣＣ…サーキットコースの略　　ユニット…遊具になりうるものの総称

サーキットあそびの原則：重要ポイント

易→難　基礎→応用　短時間→長時間
弱→強　単純→複雑　個人→集団　｝内容
強度＋時間＋頻度
平面→立体　模倣→独創　受動→能動

「日常の保育の中で身につけた動きを発表する」という観点から、運動会では、サーキットあそびは演技種目のひとつとして取り上げたいと思います。今回は、スペースの都合上、比較的広いスペースや大人数でのユニットの組み合わせ方やコースの展開法を取り上げましたが、基本的な考え方を参考に、年間のカリキュラムをたてた上で段階を追って、日常の保育の中でしっかりとあそびこんでいってください。

指導者は、常に安全を確認しながら、一定方向にぐるぐるまわるあそびの流れをつくっていきます。流れがつまったときは、コースを変化させたり、反対まわりをさせることでスムーズにすることができます。

また、コース上の重要なポイントや危険的要素をもっている箇所に計画的に指導者を配置しておけば、段階的・系統的な技術指導ができます。

個人的に指導を必要とする子も、指導者が付き添いながら指導をしたり、前後の子どものサポートを通じていっしょに参加させることができます。したがって、3歳未満児を含めた縦割保育や障害児との統合保育に用いることも可能です。

●CC(サーキットあそびのコース)の基本的な発展のさせ方

CCの発展の流れ

※年間の見通しをたて、習熟度や意欲に合わせて徐々に発展させましょう。

①O型CC

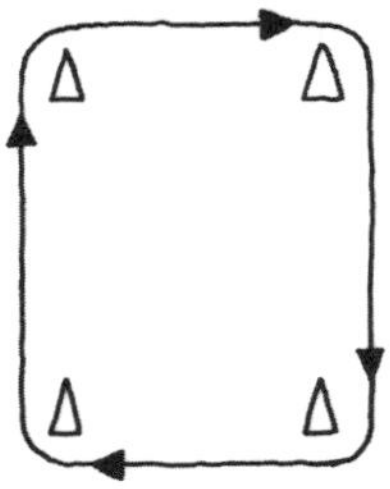

②U型CC

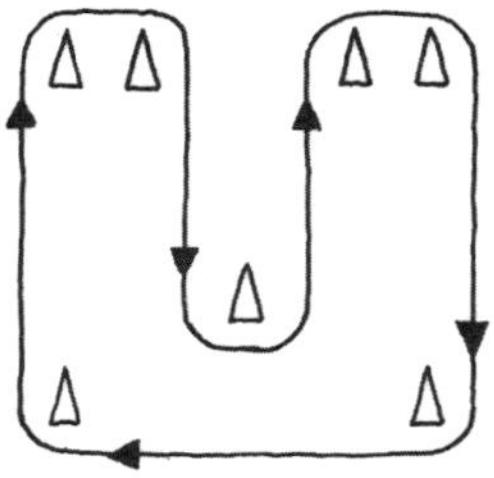

③W型CC

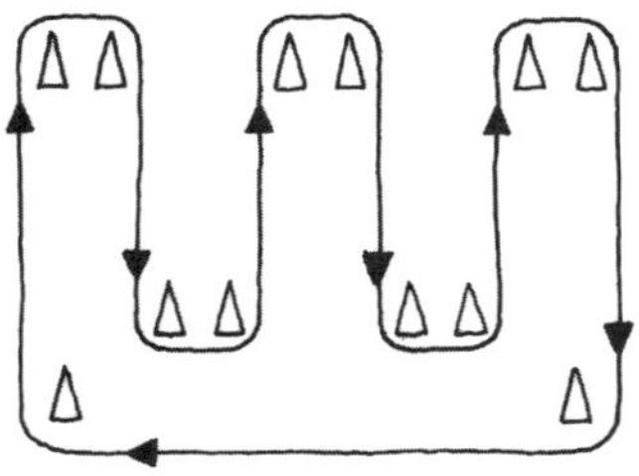

④コーナーCC

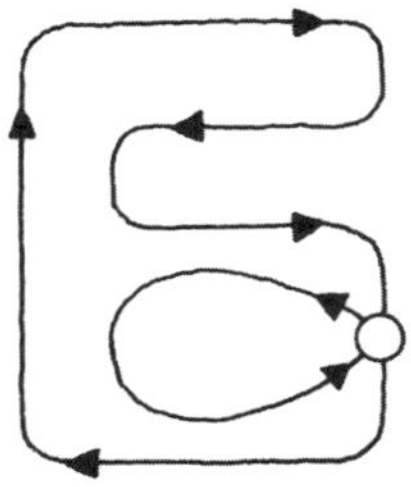

⑤協同コーナーCC

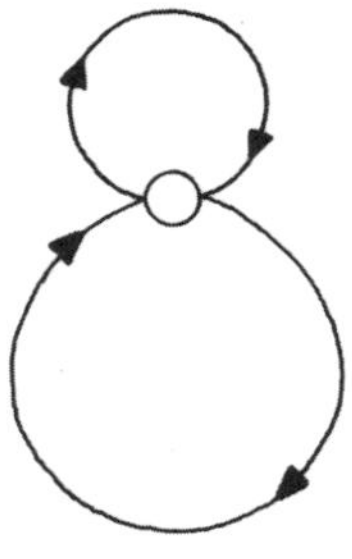

⑥8の字(立体交差)CC

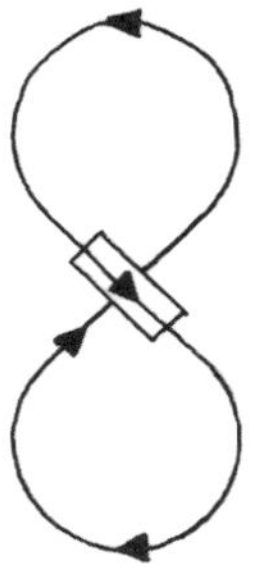

⑦バーディCC

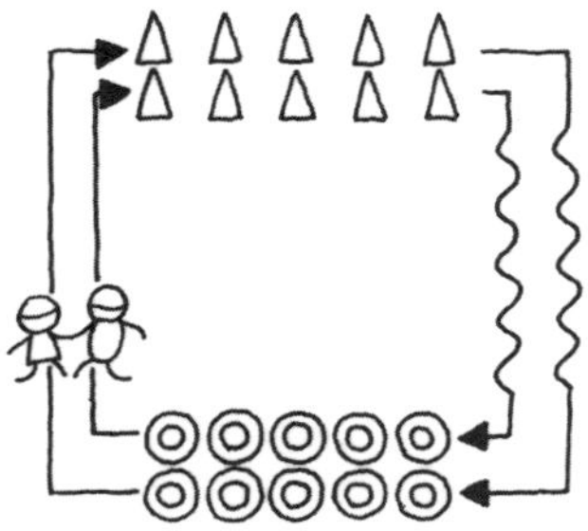

⑧選択コーナーCC

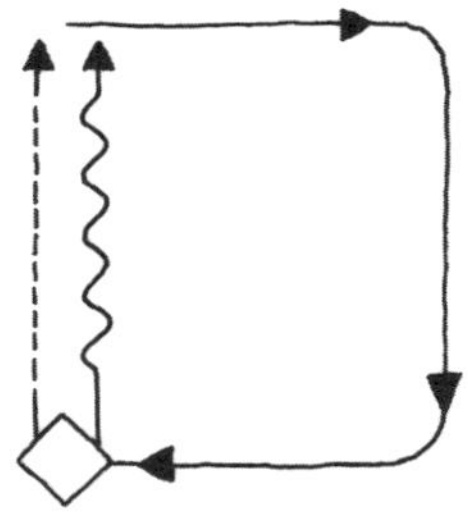

⑨じゃんけんコーナーCC

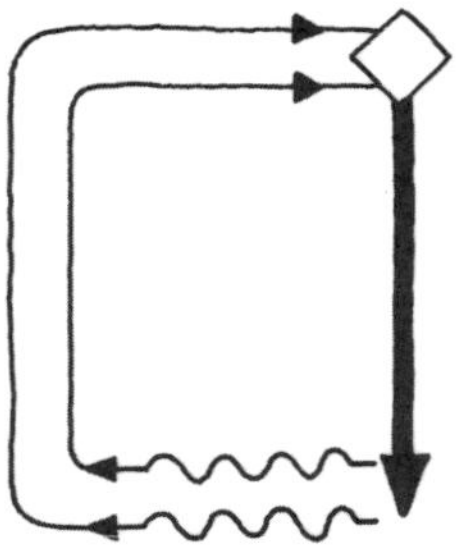

⑩ヨーイドンコーナーCC

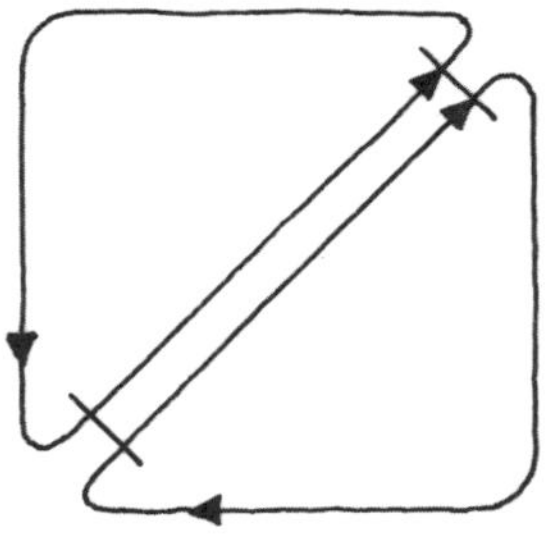

⑪コンビCC

⑫グループCC

(コースを自由に選択していきます)

★サーキットあそびの約束

○前の子に触らない（押さない）
○前の子を追い越さない
○前の子のまねをしていく

★指導上の留意点

安全を確認しながら、一定方向に流れをつくっていきます。流れが止まったり、単調になったりしないように設定をくふうします。

★『バックミュージック』と『笛の合図』

○軽快な音楽を流し、リズムにのって動いていきましょう。音楽が止まったら、その場に静止し、決められたポーズをします。
○『笛２つ』で、「レッツ・ゴー」とみんなで声を出し､再び音楽に合わせて再開します。
○動いている途中に『笛１つ』で、「反対」と言って、反転して逆方向に進みます。

●O型→U型→W型(コーナー)へと発展させていく平面コース

平面CCの発展

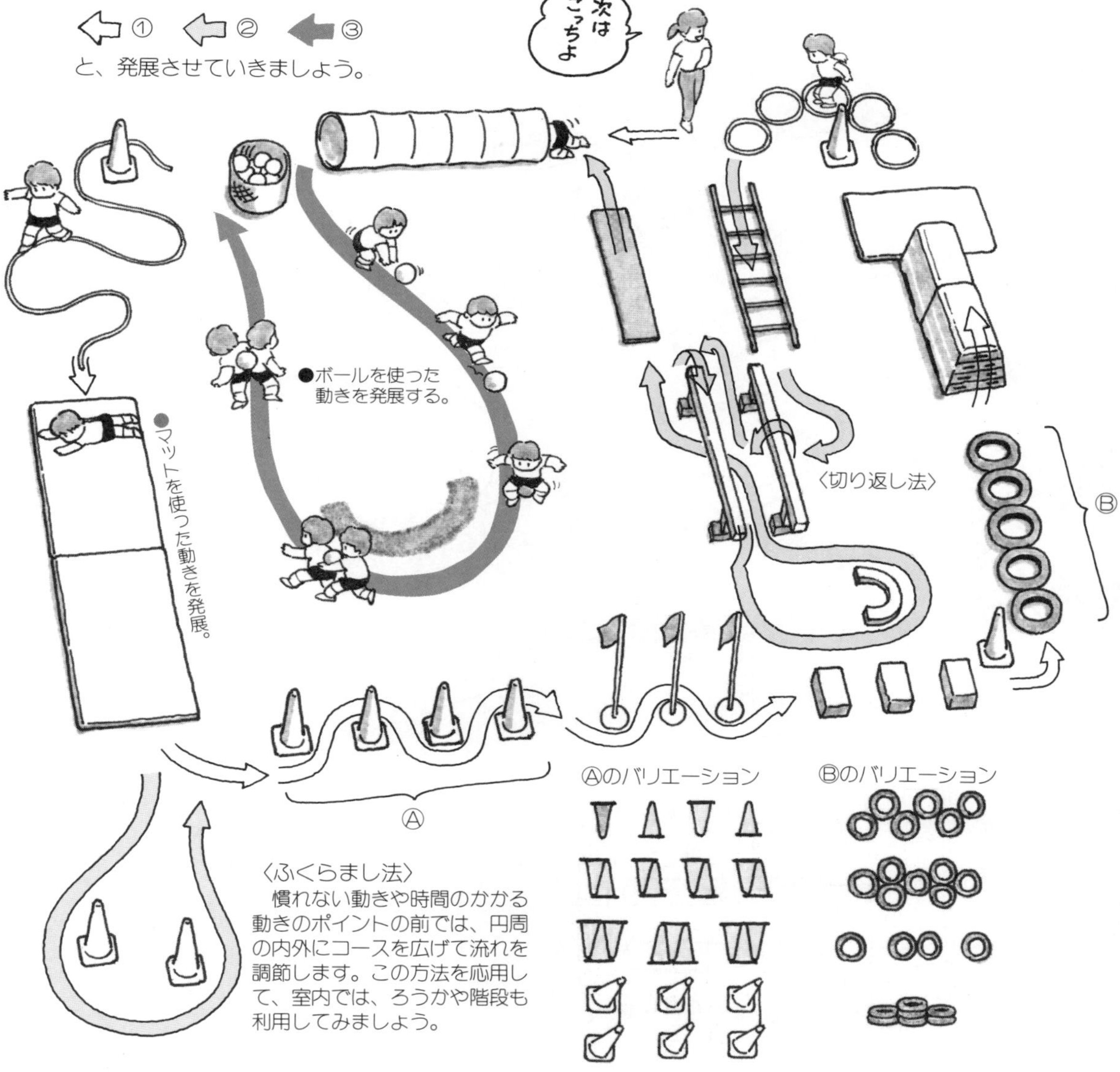

① ② ③
と、発展させていきましょう。
次はこっちよ
●ボールを使った動きを発展する。
●マットを使った動きを発展。
〈切り返し法〉
Ⓑ
Ⓐ
Ⓐのバリエーション
Ⓑのバリエーション

〈ふくらまし法〉
慣れない動きや時間のかかる動きのポイントの前では、円周の内外にコースを広げて流れを調節します。この方法を応用して、室内では、ろうかや階段も利用してみましょう。

○O型CCから出発して、慣れてきたら、さらにU型・W型へと発展させていきます。
○ボールやマットでの動きは、『主題あそび』の項目を参照して、発展させてください。
○流れの停滞しがちなポイントでは、立体ユニットを使った『切り返し法』や、円周の内外にふくらませる『ふくらまし法』などでコースを広げ、流れを調節しましょう。

★『ユニット』とは
○遊具（サーキット遊具、巧技台、積み木、固定遊具　など）
○運動具(マット、平均台、とび箱など)
○用具・道具（箱、タイヤ、はしご、掃除道具　など）

など、体育(サーキット)あそびに利用できるすべてのものの総称と考えてください。

●2人で協力して挑戦するあそびから、競走やリレーに発展できる組み方

バーディCCの発展

※ホール(室内)を使った展開例ですが、基本的な発展のさせ方も参考に、戸外あそびや運動会に応用してください。

※逆回りするときは、つないでいる手もそれぞれ逆につなぎ変えましょう。

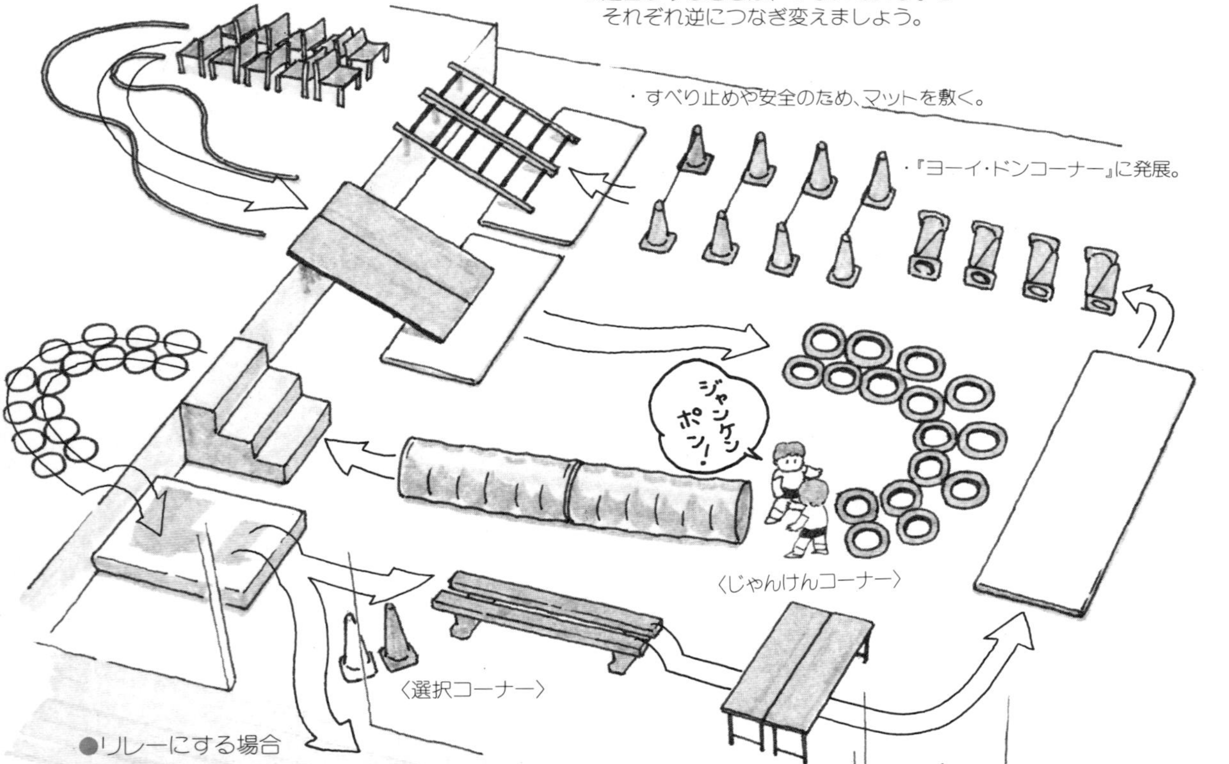

・すべり止めや安全のため、マットを敷く。
・『ヨーイ・ドンコーナー』に発展。
ジャンケンポン！
〈じゃんけんコーナー〉
〈選択コーナー〉

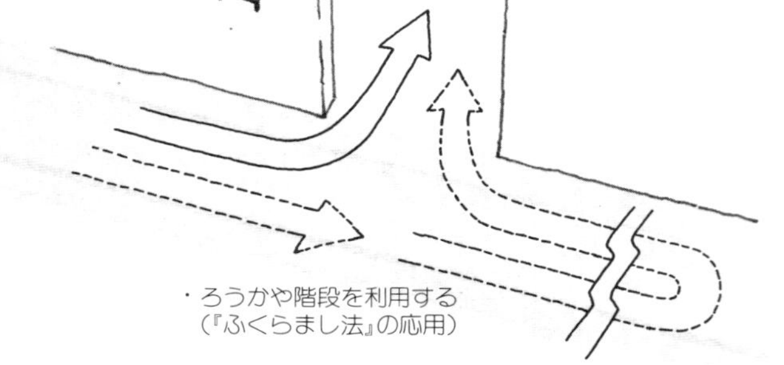

・ろうかや階段を利用する
(『ふくらまし法』の応用)

●リレーにする場合

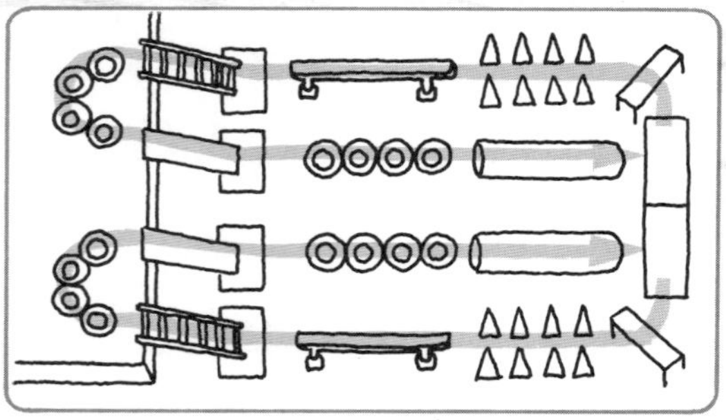

バーディになって両手や片手をつないで、2人で協力しながらコースに挑戦していきます。途中に、じゃんけんをして勝ったほうが先に進む『じゃんけんコーナー』や、好きなほうに分かれる『選択コース』を入れてみました。慣れてきたら、2人で競走をする『ヨーイ・ドンコーナー』をとり入れましょう。

さらに、このユニットを2つに分ければ、2チーム対抗の『サーキット(障害物)リレー』に発展させることもできます。

★コースの誘導

フラッグコーンを旗代わりにポイントに配置しましょう。倒れても安全で、持ち運びも便利です。タイヤやフープも、あそびのユニットとしてだけでなく、並べ方をくふうしてコースの誘導に利用しましょう。

●固定遊具も利用して、園庭をいっぱいに使ったグループ(コンビ)CC

グループCCの発展

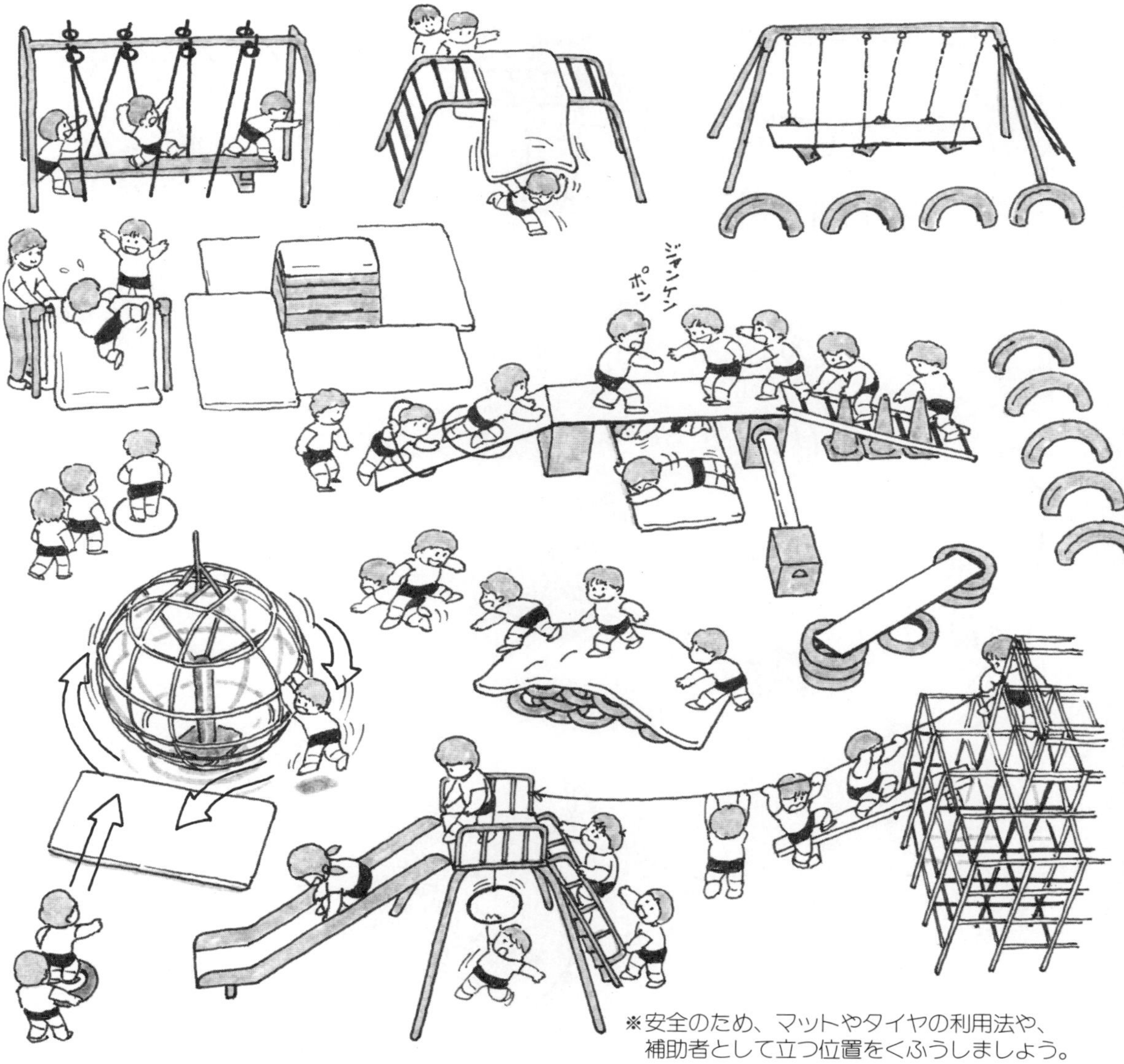

※安全のため、マットやタイヤの利用法や、
補助者として立つ位置をくふうしましょう。

園庭の固定遊具もフルに利用してコースを広げます。コースはあらかじめ決めておかず、コンビ（２人組）や数人のグループでリーダーを決め、自由に選んでいきます。笛の合図や『ラインのローテーション』(38ページ『サーキットマン』参照）を利用して、リーダーを交代しましょう。異年齢のグループでの『探検あそび』としても楽しいでしょう。

★グループ(コンビ)サーキットの約束

○リーダーを先頭に、順番に前の子の動きをまねていき、押したり割りこんだりしない。

○リーダーはグループ全体に気を配り、遅い子を手伝ったり、待ったりする。

○空いているユニットを探して挑戦し、他のグループの間に割りこんだり、クロスしたりしないように気をつける。

●チームに分かれてコースをつくり、つないで全体サーキットへ発展

コースづくりから全体CCへ

※各チームとも、ユニットの種類と数は同じにします。

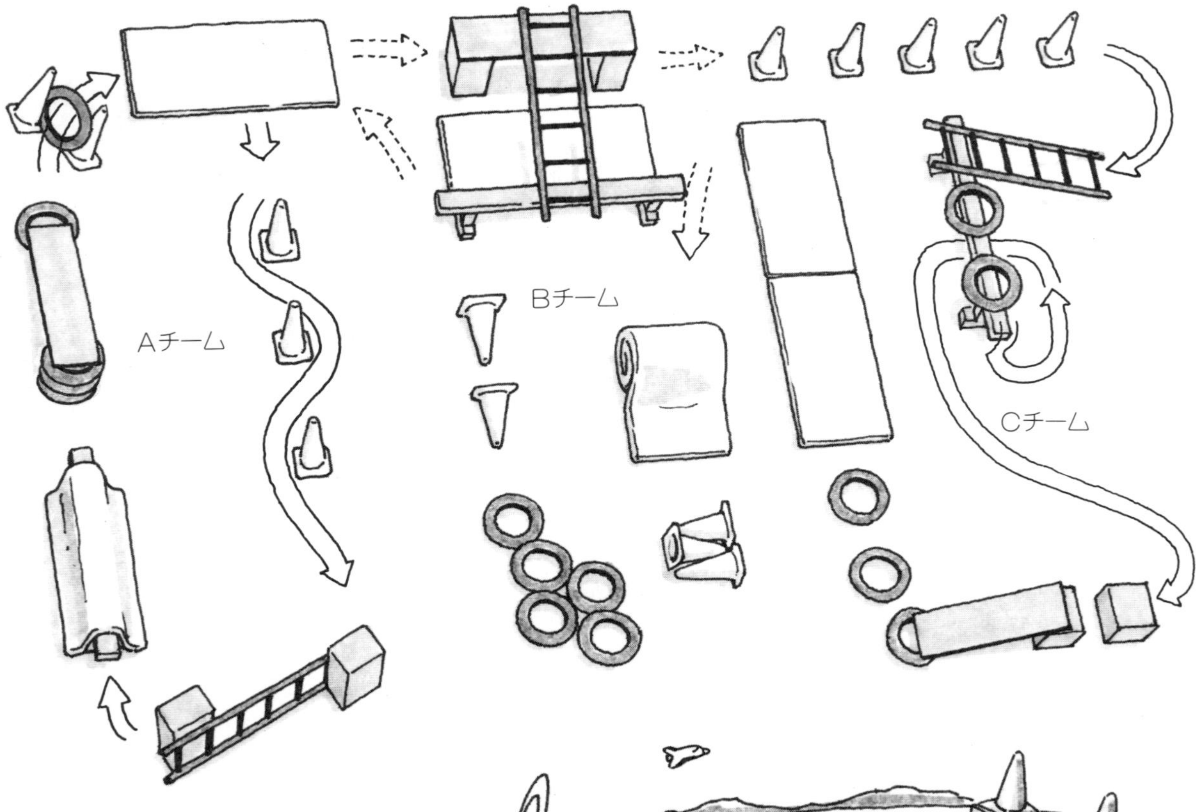

●サーキットあそびに慣れていないうちは、タイヤをくっつけて並べるくらいしかできません。サーキットあそびの流れの中でユニットの特性や動きを十分に経験した上で、「宇宙基地」や「探検コース」など自由な発想やくふうを生かしましょう。

★既成概念を破って発想の転換を！

平均台といえば渡るだけのもの、はしごといえば登るためだけのものと、固定して考えるのではなく、くぐったり、またいだり、とび越したりといろいろな動きを考えてみましょう。また、ユニットを横に倒したり、ひっくり返したりすれば、さらにいろいろな動きがつくれることを知らせましょう。

2〜4チームに分かれて、それぞれに「町」や「基地」などイメージを広げてコースづくりをします。自分たちのコースで十分にあそんだら、ローテーションして他のグループのコースを楽しみ、おもしろいところや危険な箇所がないかどうか話し合いましょう。さらに、それぞれのコースをつないで、『全体サーキットコース』に展開します。

●縦割(異年齢混合)のペアやグループでコンビ(グループ)CCを

お別れサーキット

※年長児は年少児を補助。
※元の場所に戻す。
・2グループ協同して
はやく〜
まってー
いまだっ!
・うず巻きコーナー
・ゲームコーナー…場所替え鬼

年長児と年少児がペアになって、合同サーキットあそびをしましょう。年長児は年少児に動きを教えたり、危険のないよう補助をしたりします。鬼ごっこなどの『あそびのコーナー』を設けてもおもしろいでしょう。

特に3学期など、卒園や進級を前に楽しい思い出づくりとして、サーキットあそびのまとめを兼ねて、園全体で取り組みましょう。

★かたづけサーキット

後かたづけもあそびの一部です。まず、保育者が立体的なユニットを単一なユニットにばらし、平面的なコースをつくります。コースにしたがって、大きなユニットから順番にみんなで協力し合って運んで、かたづけていきましょう。

著者紹介

米谷 光弘（よねたに・みつひろ）

甲南大学理学部を経て文学部社会学科（心理学専攻）卒業後、大阪体育大学専攻科（体育学専攻）を修了。その後、兵庫教育大学大学院（幼児教育専攻）に進学し、幼児健康学研究室に所属。『幼児の体格、運動能力に及ぼす保育環境』についての調査研究により、教育学修士となる。保育者養成課程の国公私立の大学院・専攻科・大学・短期大学・専門学校の講師をしながら、保育園・幼稚園の保育現場で２歳児から６歳児までを対象に幼児の体育遊びの直接指導を続ける。

専門は、幼児体育および幼児健康学。著書（単著）に、『冒険・仲間づくりのサーキットあそび』（黎明書房）、（共著）に、『自由な子どもの発見』（ミネルヴァ書房）、『幼児教育法・健康〈理論編、実技・実践編〉』『続・たのしい保育あそび』（三晃書房）、『運動遊具あそび』（中央法規出版）、『幼児体育』（建帛社）など多数。

現在、西南学院大学人間科学部児童教育学科教授。アジア及び日本幼児体育学会・日本乳幼児教育学会・日本保育学会などの役員を歴任する。

●教育と研究の場を提供していただいた園長先生ならびに現場の諸先生方、共に育ちながらこれらのあそびを考える機会をいっしょにもてた子どもたちがいなければ、貴重な資料を一冊の本としてまとめられなかったと思います。みなさん、大変お世話になりました。最後に、幼児体育へ進むきっかけを作ってくださり、ご指導をいただいた実践の師、元甲南女子大学教授故水谷英三先生ならびに私自身の幼児体育の方向性と理論的裏付けの指導をしていただいた兵庫教育大学名誉教授原田碩三先生には、心より感謝致します。

※本書は、弊社保育図書『運動会に生かす体育あそび』（絶版）の増補改訂版です。

すぐできる！ 盛り上がる！！ からだを動かす あそび 365

2010 年 7 月　　初版発行
2019 年 1 月　　第 7 版発行

著　者　米谷光弘
発行人　岡本　功
発行所　ひかりのくに株式会社
大阪市天王寺区上本町 3-2　〒543-0001　郵便振替 00920-2-118855
東京都板橋区高島平 6-1-1　〒175-0082　郵便振替 00150-0-30666
ホームページアドレス　http://www.hikarinokuni.co.jp
印刷所　大日本印刷株式会社

JASRAC 出 1008360-807
©2010
ISBN978-4-564-60764-6
NDC376　176P　26×18cm